北京文物与考古系列丛书

通州翟各庄遗址

北京卫生职业学院新院区建设项目考古发掘报告

北京市考古研究院 编著

上海古籍出版社

图书在版编目（CIP）数据

通州翟各庄遗址：北京卫生职业学院新院区建设项目考古发掘报告 / 北京市考古研究院编著. -- 上海 ：上海古籍出版社，2024.9. --（北京文物与考古系列丛书）. -- ISBN 978-7-5732-1308-2

Ⅰ. K878.05

中国国家版本馆CIP数据核字第2024HU0858号

责任编辑：贾利民

装帧设计：王楠莹

技术编辑：耿莹祎

北京文物与考古系列丛书

通州翟各庄遗址

——北京卫生职业学院新院区建设项目考古发掘报告

北京市考古研究院　编著

上海古籍出版社出版发行

（上海市闵行区号景路 159 弄 1-5 号 A 座 5F　邮政编码 201101）

（1）网址：www.guji.com.cn

（2）E-mail: gujil @ guji.com.cn

（3）易文网网址：www.ewen.co

上海雅昌艺术印刷有限公司印刷

开本 889×1194　1/16　印张 21　插页 6　字数 400,000

2024 年 9 月第 1 版　2024 年 9 月第 1 次印刷

印数：1—1,100

ISBN 978-7-5732-1308-2

K·3681　定价：298.00 元

如有质量问题，请与承印公司联系

北京文物与考古系列丛书

内 容 简 介

　　在配合北京卫生职业学院新院区建设项目的考古工作中,北京市考古研究院在项目所在地通州区漷县镇翟各庄村东发现古代遗迹110处,其中墓葬69座、灰坑35座,另有窑址、古井等。各类遗迹年代上迄东汉,下至明清。出土了大量陶、瓷、铜等不同质地的文物。这些发现丰富了北京地区的考古学资料,对北京地区历史文化研究的推进有着较为重要的学术意义。

目　　录

插 图 目 录

插 表 目 录

彩 版 目 录

第一章 绪 论

第一节 自然环境与人文历史

一、自然与人文环境

通州区，北京市市辖区、北京市城市副中心，是北京市人民政府所在地。它位于北京市东南部，京杭大运河北端，是京杭大运河的北起点、首都北京的东大门。区域地理坐标北纬39°36′至40°02′，东经116°32′至116°56′，东西宽36.5千米，南北长48千米，面积906平方千米，西邻朝阳区、大兴区，北与顺义区接壤，东隔潮白河与河北省三河市、大厂回族自治县、香河县相连，南与天津市武清区、河北省廊坊市交界。

通州区地处永定河、潮白河冲积、洪积平原，地势平坦，自西北向东南倾斜，海拔最高点27.6米，最低点仅8.2米。其土质多为潮黄土、两合土、沙壤土，土壤肥沃，质地适中。

通州区属大陆性季风气候区，受冬、夏季风影响，形成春季干旱多风、夏季炎热多雨、秋季天高气爽、冬季寒冷干燥的气候特征。年平均温度11.3℃，降水620毫米左右。截至2021年，通州区下辖11个街道、10个镇、1个民族乡，区政府驻潞源街道。截至2021年，通州区常住人口184.3万人。

二、历史沿革

（一）通州历史沿革[①]

通州区历史悠久。春秋战国时期，通州地属燕国。燕昭王时开拓北疆，置上谷、渔阳、右北平、辽西、辽东五郡，时渔阳郡辖今通州地。

秦代时仍属渔阳郡地。

西汉于今区境置路县，属渔阳郡。治所在今潞城镇古城村处。王莽篡汉，改路县名通路亭，属通路郡。东汉建立后，废莽新所改，恢复西汉旧称，但改"路"为"潞"，始称潞县。

三国时，潞县归曹魏版图，改属燕国。西晋、十六国因之。

北魏潞县县治在今三河县西南城子村处，属渔阳郡。

---

① 尹钧科：《北京历代建置沿革》，北京出版社，1994年，第224—238页；通州区地方志编纂委员会：《通县志》，北京出版社，2003年，第55—61页。

隋代时,潞县还治今古城村处。开皇三年(583年),属幽州。大业三年(607年)属涿郡。

唐武德二年(619年),潞县为玄州治所。贞观元年(627年),废玄州,潞县属幽州。天宝元年(742年),幽州改为范阳郡,潞县仍属。乾元元年(758年),范阳郡复称幽州,潞县所属亦随之而改。唐迁县治于今区城。

辽代时,潞县先后为幽都府和析津府属县。辽圣宗太平年间(1021～1031年),在今牛堡屯乡筑城置县,因县城在漷河之南,取县名曰漷阴,并析潞县南境为其辖土。

金初,潞、漷阴二县隶析津府。至贞元年(1153年),漷阴县直属于中都路大兴府。天德三年(1151年),海陵王完颜亮始设通州,取"漕运通济"之意,潞县为通州治所。元至元二十一年(1284年),通州及所领潞、三河二县隶属于大都路。至元十三年(1276年)八月。升漷阴县为漷州,割大兴府之武清、香河二县归州管辖。另外,迁漷州治于武清县境之河西务,至正元年(1341年)四月,"罢漷州河西务",漷州治所北迁于今区东南之漷县村处。

明洪武元年(1368年)八月,明将徐达攻占元大都,改名北平,并改元大都路曰北平府。同时省潞县入通州,从此潞县之名变成历史地名。通、漷二州俱隶北平府,十四年(1381年)二月,漷州降格为漷县,改隶通州。至此,通州领有三河、武清、香河、漷县四县,仍属北平府。永乐元年(1403年)正月,以北平为北京,改北平府曰顺天府。此后通州及所领四县均属顺天府。

清顺治十六年(1659年),省漷县入通州,时通州领三河、武清、宝坻三县。雍正六年(1728年),改三河、武清、宝坻三县直属顺天府,通州遂为散州,不再领县。

1912年,改顺天府为京兆地方,通州改名通县属之。1928年,废京兆,通县直属河北省。1948年底,通县全境解放。初于通县城关设通州市,通县人民政府迁驻张家湾。

1949年,通州市改为通县镇,为通县专区驻地。

1953年11月,撤销通县镇,改设通州市,由通县专区代管,仍为通县专区驻地,与通县同属通县专区。

1958年3月7日,通县、通州市划归北京市。同年4月28日,撤销通县专区,将原辖蓟县、平谷、三河、大厂、香河五县划入唐山专区,密云、怀柔划入承德专区,固安县划入天津专区。通县与通州市划入北京市后,二者合并,改名通州区。

1960年2月,改名通县。

1997年4月,撤销通县,设立通州区。

2015年7月11日,中共北京市委十一届七次全会审议通过了《京津冀协同发展规划纲要》,通州正式成为北京市城市副中心。

(二)漷县历史沿革①

西周时,漷县地区属燕国。

---

① 尹钧科:《北京历代建置沿革》,北京出版社,1994年,第224～238页;管庭芬:《(道光)漷阴志略》,《通州方志集成》,北京联合出版公司,2017年,第337～338页;通州区地方志编纂委员会:《通县志》,北京出版社,2003年,第55～61页。

秦代时,属渔阳郡。

西汉初期,属渔阳郡泉州县,称霍村。

曹魏黄初元年(220年),潞县镇域改属曹魏燕国泉州县。西晋泰始元年(265年),燕国续置,今潞县镇依旧隶属于燕国泉州县。

后赵时,属渔阳郡泉州县。前燕时属新置的燕郡泉州县。前秦时,属燕郡泉州县。后燕时,属燕郡泉州县。后燕长乐元年(399年),北魏将渔阳郡郡治移置雍奴县,同时废除泉州县,今潞县镇域隶渔阳郡雍奴县。东魏、北齐、北周时均属渔阳郡。

隋开皇元年(581年),今潞县镇域改属隋渔阳郡。开皇三年(583年),隋文帝废渔阳郡,今潞县镇域随雍奴县直隶幽州。大业三年(607年),幽州改称涿郡,今潞县镇随雍奴县属涿郡。

唐武德元年(618年),涿郡复称幽州,今潞县镇域复属幽州。天宝元年(742年),幽州改称范阳郡,不久,雍奴改称武清,今潞县镇域属范阳郡武清县,此前曾直隶雍奴县。宝应元年(762年),范阳郡复称幽州,今潞县镇域复属幽州武清县。

五代十国时期,后梁、后唐、后晋时属幽州武清县。契丹会同元年(938年),今潞县镇域改属契丹南京道幽都府武清县。霍村改称潞阴镇,以位于潞河之南故名。辽开泰元年(1012年),改属南京路析津府。太平年间(1021～1031年),因辽朝帝王将相"捺钵文化"的需求和保障萧太后运粮河的漕运,分武清县北部区域成立一个县级行政区划,设立潞阴县,以镇名而称,属南京路析津府,县治设在今潞县村。今潞县镇域改属潞阴县,此后所隶县变化不大。

保大二年(1122年),宋金联兵灭辽,宋夺回燕云十六州,在燕京设立燕山府,潞阴县改隶宋燕山府。宋宣和七年(1125年),即金天会三年,在燕京设置永安路析津府,潞阴县改属金永安路析津府。贞元元年(1153年),将永安路析津府改称中都路大兴府,潞阴县随而改属大兴府。

贞祐三年(1215年),即蒙古太祖十年,蒙古在燕京设置燕京路大兴府,潞阴县改隶蒙古大兴府。至元元年(1264年),燕京路大兴府改称中都路大兴府,继而在九年(1272年)改称大都路大兴府,潞阴县先后随之改属。元至元十三年(1276年),升为潞州,属大都路,辖香河、武清二县。

明洪武元年(1368年),朱元璋在大都城内设置北平府,潞州领香河、武清二县,改属北平府。洪武十二年(1379年),武清县脱离潞州管辖,改属通州,同时,香河县也脱离潞州辖领,直属北平府,潞州成为北平府直辖州。十四年(1381年),将潞州降级为潞县,属北平府通州,今潞县镇域改属通州潞县。永乐元年(1403年),北平府改称顺天府,潞县属顺天府通州。

清顺治元年(1644年),沿袭明制,仍设顺天府。又先后在通州城中设置通州道、通密道、通蓟道,负责京东八州县全部军政事务,潞县先后改属清顺天府三道。顺治十六年(1659年),潞县并入通州,成为通州直辖区域,今潞县镇域则直属通州。

1912年,仍属顺天府通州。1914年,民国政府把全国不领县的州级政权降级称县,通州降称通县,顺天府改称京兆特别区,今潞县镇域随之改属,同时又是通州第三、四、六、九自治区的分辖之地。1928年,京兆特别区改称北平市,直隶省改称河北省,今潞县镇域随通县改属河北省。次年,在县内又属第三、四、六自治区的分属范围。

抗日战争与解放战争时期,其行政建制多有变化。1949年8月,中国共产党领导下的河北省人民政府在通县城中设立通县专区,管辖平北、平南、平东等14个县镇,今漷县镇域属于河北省通县专区通县第三区领地。1950年2月,第三区转领他地,今漷县镇域分划二区、四区所辖。1952年9月,县内又恢复新中国成立前夕区域划分原状。1953年5月,漷县乡属通县第三区。1956年7月,撤区级区划,今漷县镇域分为漷县、马头、侯黄庄、觅子店4乡全域和永乐店乡的部分辖域。1958年4月,通县和通州市脱离河北省管辖,合并划归北京市,改称通州区,随后成立人民公社,今漷县镇域为马头公社全域和永乐店公社部分区域。1960年2月,通州区复称通县,公社辖区未变。1961年7月,建漷县人民公社。1965年5月,镇域又改为马头、觅子店公社和永乐店农场草厂分场。1978年5月,马头公社机关自马头村北迁至漷县村东,于1981年改称漷县公社。1983年6月22日、7月28日和1984年1月28日,草厂农场、觅子店和漷县公社分别撤销原人民公社称谓,设立乡级政权机构,名依原称。1990年2月,漷县乡改设漷县镇,余未变。1997年9月28日,通县更名为通州区。2000年7月25日,草厂乡并入漷县镇,2001年12月8日觅子店镇并入漷县镇,形成今镇域。2019年10月,漷县镇下辖3个社区和61个行政村。

第二节　发掘经过与资料整理

北京市卫生职业学院新院区建设项目位于北京市通州区漷县镇翟各庄村东,京杭大运河(北运河)西侧,G103国道(京塘路)西侧(图一)。项目占地范围东到漷城西三路,北到漷兴北一街,西到漷城西一路,南至漷马路,占地总面积380 917.402平方米。

为配合该项目建设,北京市考古研究院(原北京市文物研究所)分两次对项目占地范围进行了考古勘探工作。第一次勘探于2019年2月25日实施,至4月8日结束,勘探面积332 310.735平方米。第二次勘探于2020年6月1日进场实施,至6月24日结束,勘探面积35 353.336平方米。

经北京市文物局、国家文物局批准,发掘工作于勘探结束后随即开展(图二)。第一次发掘[考执字(2019)第560号]于2019年5月13日开展,至7月22日结束,本次发掘各类遗迹104处,其中古墓葬64座,灰坑34座,古窑址1座,沟1条,古井3眼,墙1处,发掘面积1 500.288平方米。第二次发掘[考执字(2020)第845号]于2020年7月24日进场,至8月2日结束,发掘各类遗迹现象6处,其中古墓葬5座,灰坑1处,发掘面积145平方米。两次考古发掘工作均由尚珩同志担任发掘领队,发掘现场由尚珩、张志伟同志主持,发掘技工主要有张晨、王重阳、曲若飞、吴满仑等人。

本次考古发掘区域的地层可分为4层。

第①层:表土层,近现代地层,包含现代建筑垃圾。

第②层:白色土层,明清地层,在该层下发现清代古墓葬、灰坑、水井、灰沟、窑址、房址等。

第③层:黄褐色土层,唐代—元代地层,在该层下发现唐代、辽代、金代古墓葬和灰坑。

第④层:黄褐色土层,东汉—魏晋地层,该层下发现墓葬、灰坑、水井遗迹。

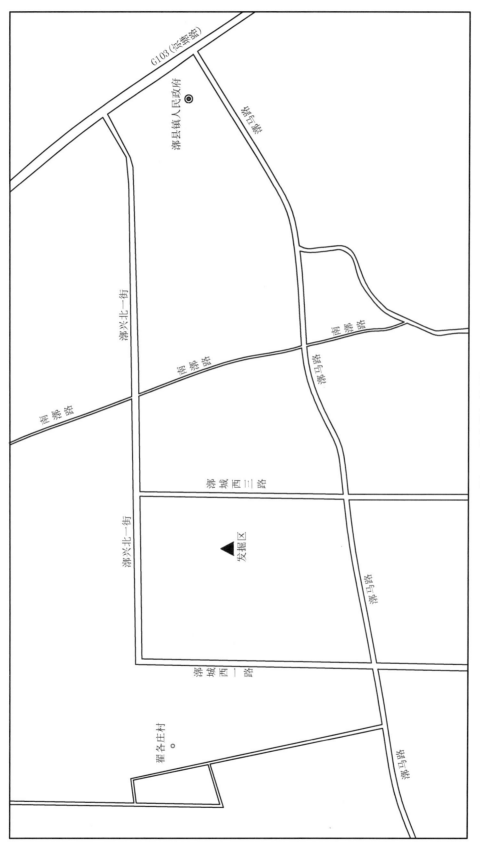

图一 考古发掘位置图

　　考古发掘结束后，随即开展资料整理工作。遗迹图由张志伟、张晨、王重阳、曲若飞、吴满仓绘制；出土文物清洗、修复由张晨、王重阳、曲若飞、吴满仓负责；器物图由张志伟绘制；遗迹、出土文物拍摄由尚珩、张志伟负责；墓主人人骨鉴定由中国社会科学院考古研究所王明辉研究员负责；植物考古工作由北京市考古研究院金和天同志负责。整理过程中发表了阶段性成果——《北京通州翟各庄辽墓考古发掘简报》（《文物春秋》2022年第6期）。本报告由尚珩、卜彦博、张志伟同志执笔。

第二章 遗 址

第一节 灰 坑

一、东汉灰坑

（一）H1

1. 形制与结构

H1开口于④层下，向下打破生土，方向85°，平面呈圆形。坑口东西长2.62、南北宽2.38、深1.76米。斜壁，较光滑，坑底为平底。坑内堆积可分为2层。

第①层：黄褐色土，土质较疏松，夹杂少量草木灰及碎石头。该层厚1.08米。

第②层：灰黄色淤积土，土质较致密，为黏土。该层厚0.68米（图三；彩版一）。

2. 遗物

无。

（二）H15

1. 形制与结构

H15开口于④层下，向下打破生土，方向0°，平面呈长方形。坑口东西长3.66、南北宽3.02、坑深0.68～0.8米。坑壁为斜壁，坑底不平整，南高北低。坑内填土未分层，土色呈黑褐色，包含少量红烧土颗粒及炭颗粒。出土陶片较多，多为夹云母红陶，可辨器形有罐、纺轮等（图四；彩版2.1.1.2）。

2. 遗物

陶纺轮 4件。

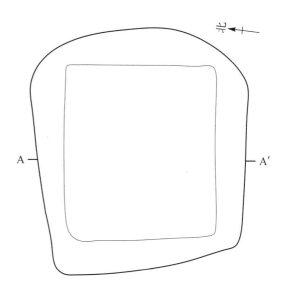

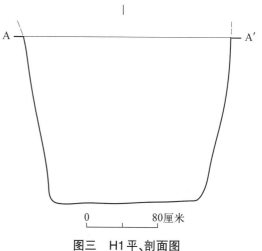

图三 H1平、剖面图

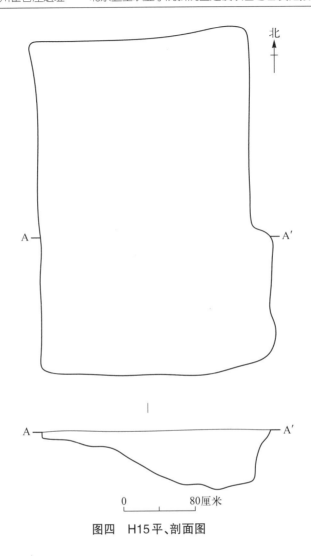

北

0　　　　80厘米

图四　H15平、剖面图

陶片磨制,呈圆饼形,大小不一,3件红陶,1件灰陶,中间带有穿孔(彩版二)。

H15:1,泥质灰陶。直径4.3、厚0.7、孔径0.4厘米(图五,1)。

H15:2,泥质红陶,夹砂。直径3.1、厚0.6、孔径0.3厘米(图五,2)。

H15:4,泥质红陶,夹砂。直径1.6、厚0.5、孔径0.5厘米(图五,4)。

H15:5,泥质灰陶。直径2.9、厚0.6、孔径0.45厘米(图五,5)。

陶饼　1件。H15:3,陶片磨制,泥质红陶,夹砂。呈圆饼形。直径1.9、厚0.6厘米(图五,3)。

(三)H16

1. 形制与结构

H16开口于④层下,被M33打破,向下打破生土,方向0°,平面呈不规则形,坑口距地表1米,坑口长5.66、宽1.54～3.33、深0.37米。坑壁为斜壁,坑底不平整,坑底、坑壁皆毛糙。坑内填土为灰褐土,夹少量草木灰,土质较疏松。出土大量陶片,纹饰多为素面。陶质有泥质灰陶、夹云母红陶、夹砂红陶。可辨器形有罐、釜等(图六;彩版三)。

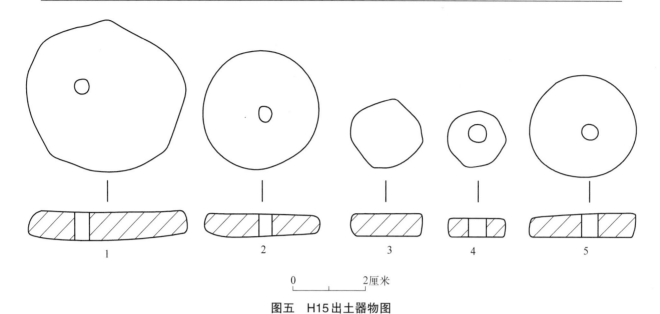

图五　H15出土器物图

1、2、4、5.陶纺轮（H15：1、H15：2、H15：4、H15：5）　3.陶饼（H15：3）

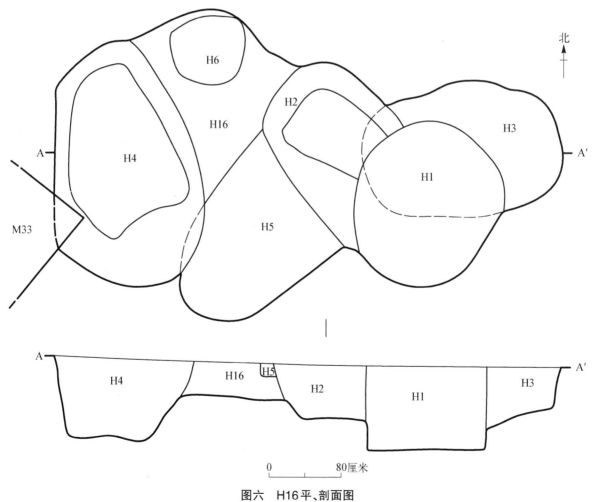

图六　H16平、剖面图

2.遗物

陶罐 1件。H16:1,轮制,泥质红陶,敞口,束颈,圆肩,鼓腹内收,平底,口沿周缘饰凹弦纹,罐身有明显的修坯旋痕,底部也有明显刮痕。口径8.2、腹径14.6、底径5.2、高11.4厘米(图七,5;彩版四,1)。

陶饼 2件。

H16:2,轮制,泥质红陶,呈圆饼形。直径4.6、厚1.4厘米(图七,3;彩版四,2)。

H16:3,轮制,泥质红陶,呈圆饼形。直径5.2、厚1.3厘米(图七,6;彩版四,3)。

陶釜 3件。

H16:4,残,轮制,夹云母红褐陶,敞口,口沿向内倾斜,方圆唇,略凸,溜肩,弧腹,弧收,肩部周缘饰数道凸旋棱,下腹无存。口径16.6、残高10.6厘米(图七,4;彩版四,4)。

H16:5,残,轮制,夹云母红褐陶,敞口,口沿向内倾斜,沿面略凹,方唇,上腹周缘饰数道凸旋棱,腹部斜收,下腹无存。口径18.6、残高9厘米(图七,1;彩版四,5)。

H16:6,残,轮制,夹云母红褐陶,敛口,口沿向内斜收,方唇,略内凹,溜肩,弧腹,腹至底无存。口径18、残高10.6厘米(图七,2;彩版四,6)。

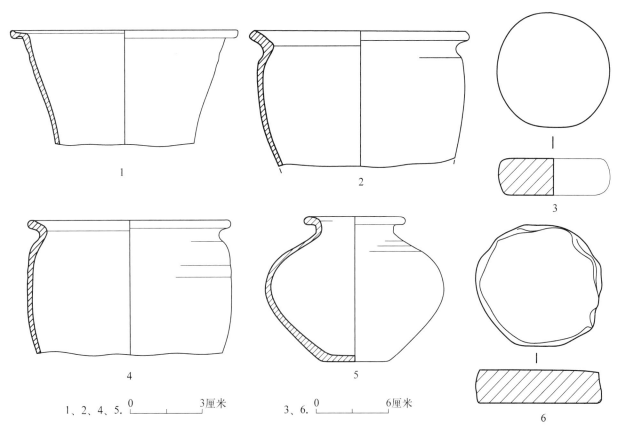

1、2、4、5. [0 ____ 3厘米]   3、6. [0 ____ 6厘米]

图七 H16出土器物图

1、2、4.陶釜(H16:5、H16:6、H16:4) 3、6.陶饼(H16:2、H16:3) 5.陶罐(H16:1)

（四）H17

1. 形制与结构

H17西邻J3，开口于④层下，向下打破生土，方向90°，平面呈不规则圆形，坑口直径为1.14～1.24、坑深0.34米。坑壁为直壁，壁面粗糙，坑底为平底。坑底有大量草木灰、植物种子（详见附录三）。坑内出土石臼1件（残）（图八；彩版五）。

坑内填土可分为2层。

第①层：呈黑褐色，包含少量烧土颗粒。厚0.26米。

第②层：为草木灰，有较多炭化植物种子，草木灰厚度0.1米。

2. 遗物

石臼 1件。H17：1，石质，敞口，圆唇，曲腹，平底，器身外壁较为光滑，内壁较粗糙。口径42、腹径37、底径26.7、高36厘米（图九）。

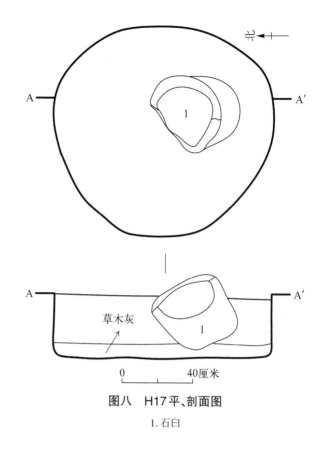

图八　H17平、剖面图
1. 石臼

图九　H17出土器物图
石臼（H17：1）

二、辽代灰坑

（一）H2

1. 形制与结构

H2开口于③层下，向下打破生土，方向88°，平面呈不规则长方形，上口长3.11、宽1.62～1.68米；下口平面呈长方形，长2.8、宽1.32、深1.8～2.02米。坑壁较整齐，坑底较平整。坑内东侧有两级台阶，第一级台阶长1.1、宽1.32、高0.2米；第二级台阶长0.72、宽1.32、高0.2米，斜坡至坑底。坑内堆积可分为2层。

第①层：五花土层，厚1.2～1.5米，土质较疏松，包含少量料姜石等。

第②层：淤沙层，厚0.6～0.52米，浅褐色，土质较紧密，包含少量陶片、兽骨等，陶片多为素面灰陶（图一〇；彩版六）。

2. 遗物

灰坑出土有陶片和兽骨，但均较破碎，未采集标本。

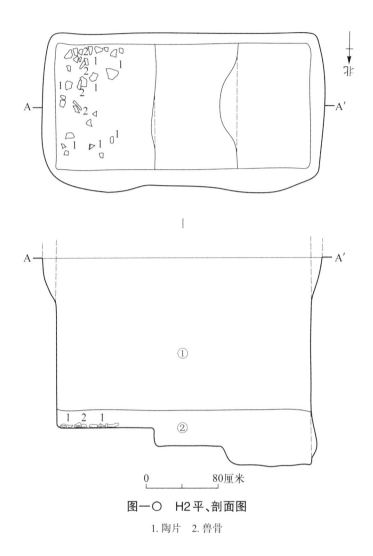

图一〇　H2平、剖面图

1.陶片　2.兽骨

（二）H3

1.形制与结构

H3开口于③层下，向下打破生土，方向85°，平面呈不规则长方形，上口长3.04、宽1.86米；下口平面呈长方形，长2.74、宽1.32、深0.96～2.1米。上层坑壁较整齐，下层坑壁存在不同程度的倒塌现象，坑底较平整。坑内东部距上口0.96米处设有一级台阶，长0.88、宽1.32、高1.14米（至坑底）。坑内堆积可分为2层。

第①层：五花土层，厚1.2～1.4米，黄褐色，土质较疏松，包含少量料姜石等。

第②层：淤沙层，厚0.7～0.9米，浅黄色，土质较紧密，包含少量料姜石等。坑底出土陶罐1件，为素面灰陶，无法复原，未采集（图一一；彩版七）。

2.遗物

无。

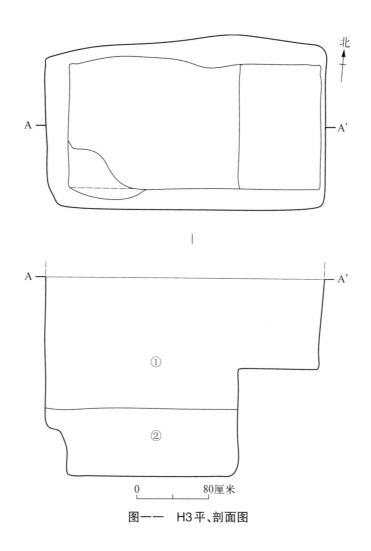

图一一 H3平、剖面图

（三）H4

1. 形制与结构

H4东邻H5，开口于③层下，向下打破生土，方向350°，平面呈长方形，坑口距地表1.2米，长2.9、宽1.32米，坑底平面呈长方形，长2.1、宽1.32米、深1.6米，四壁较整齐。北部设有一级台阶，呈斜坡状，长0.8、宽1.32、高0.36～0.38米。台阶边缘平铺有两块青砖，用砖规格：38厘米×18厘米×6厘米。

坑内堆积可分为2层：

第①层：五花土层，厚1.28米，黄褐色，土质较疏松，包含少量料姜石等。

第②层：淤泥层，厚0.32米，青褐色，土质较紧密，包含少量白瓷片（未采集）、灰陶片等，坑底出土陶盆1件（图一二；彩版八，1）。

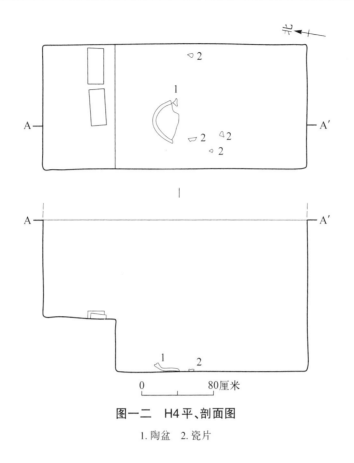

图一二　H4平、剖面图

1.陶盆　2.瓷片

2.遗物

陶盆　1件。H4：1，轮制，泥质灰陶，盘口，沿外卷，方唇微弧，斜腹，平底，盆口沿饰数道弦纹，盆底部周缘饰数道凹旋纹，内壁和底部饰一圈菱形纹，平底，底部有明显的刮痕。口径44、底径25.4、高11.2厘米（图一三；彩版八，2）。

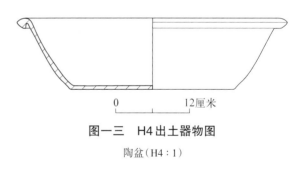

图一三　H4出土器物图

陶盆（H4：1）

（四）H5

1.形制与结构

H5西邻H4，开口于③层下，向下打破生土，方向340°，平面呈长方形，坑口距地表1.2米，长2.72、宽1.45～1.74米；坑底平面呈不规则长方形，长1.74、宽1.52～1.74、深2.26米。坑壁较整齐，东西壁局部有塌陷（疑似水流冲击）。坑内北部有一级台阶，长1、宽1.5米，距坑底0.86～1.22米。

坑内堆积可分为3层。

第①层：五花土层，厚1.8米，黄褐色，土质较疏松，包含少量料姜石等。

　　第②层：淤泥层，厚0.22米，灰色、青褐色，土质较紧密，无包含物，底部有草鞋（残存）及草制品。

　　第③层：沙土层，厚0.24米，浅黄色，土质较疏松，无包含物，出土骨饰1件，西北角还有陶瓦1件、瓷片等（图一四；彩版九）。

　　2. 遗物

　　灰坑底部出土有陶片、瓷片、草制品和骨饰，但破损严重，未采集标本。

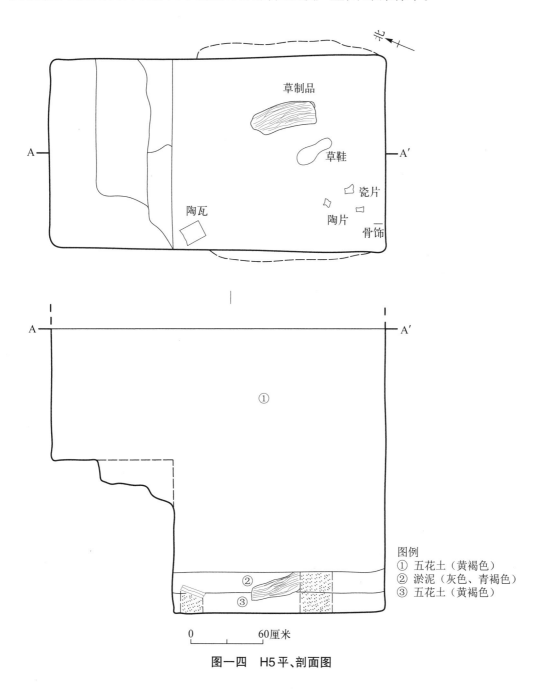

图一四　H5平、剖面图

（五）H6

1. 形制与结构

H6西邻H4，开口于③层下，向下打破生土，方向75°，平面呈长方形，长3.18、宽1.48、深1.2～2.6米，上部坑壁较整齐，下部坑壁存在不同程度的倒塌现象。坑底较平整，坑内东部距上口1.2米处有一级台阶，长1.26、宽1.48、高1.4米。

坑内堆积可分为2层。

第①层：五花土层，厚1.4～1.5米，黄褐色，土质较疏松，包含少量料姜石等。

第②层：淤沙层，厚1.1～1.2米，浅黄色，土质较紧密，包含料姜石、贝壳等，坑底西南角出土陶罐1件，为素面灰陶（图一五；彩版一〇，1）。

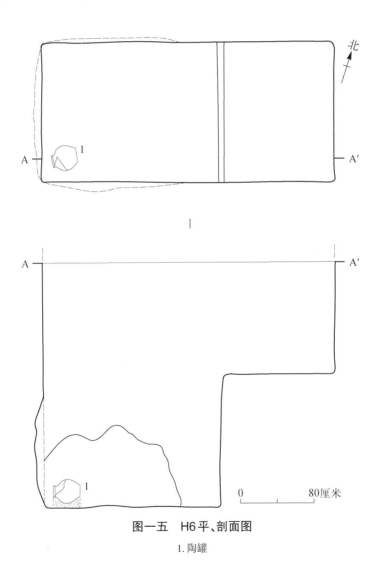

图一五　H6平、剖面图

1. 陶罐

2. 遗物

陶罐 1件,H6:1,轮制,泥质黑陶,直口,方圆唇,方圆唇中间周缘有凹弦纹,溜肩,腹微鼓,底渐收,平底,外腹见明显修坯旋痕,通体素面。口径23.2、腹径28、底径11.2、高14.4厘米(图一六;彩版一〇,2)。

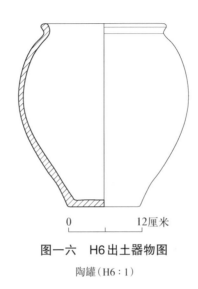

图一六 H6出土器物图

陶罐(H6:1)

(六) H7

1. 形制与结构

H7开口于③层下,向下打破生土,方向265°,平面呈不规则长方形。坑口距地表1米,长3.02、宽1.58米,上部坑壁存在不同程度的倒塌现象。坑底平面呈长方形,长2.76、宽1.58、深1.56~3.2米。在其西部距地表1.56米处有两级台阶,第一级台阶长0.54、宽1.58、高0.5米;第二级台阶长0.7、宽1.58、高1.16米。坑底较平整,下层坑壁存在不同程度的倒塌现象。

坑内堆积可分为2层。

第①层:五花土层,厚1.56~2.04米,黄褐色,土质较疏松,包含少量料姜石等。

第②层:淤沙层,厚0.5~1.16米,浅黄色,土质较紧密,包含料姜石等(图一七;彩版一一)。

2. 遗物

无。

(七) H8

1. 形制与结构

H8东邻H7,开口于③层下,向下打破生土,方向275°,平面呈梯形,西宽东窄,长2.34、宽1.22~1.36米。上部坑壁北侧有倒塌现象,四壁较整齐,坑底较平整,下部坑壁存在不同程度的

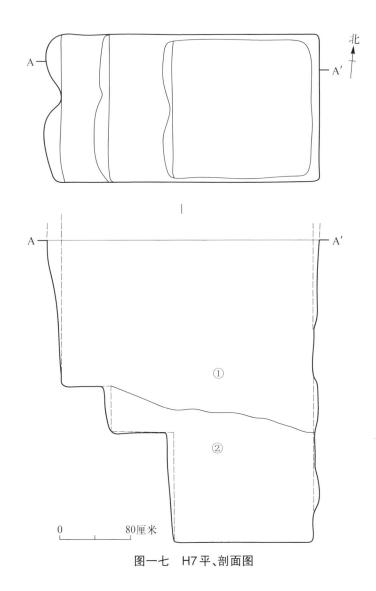

图一七　H7平、剖面图

倒塌现象。在其东部开口 1.6 米处有两级台阶：第一级台阶长 0.86、宽 1.22～1.28、高 0.24 米；第二级台阶长 0.58、宽 1.28～1.3、高 0.42 米。

坑内堆积可分为 2 层。

第①层：五花土层，厚 1.6～1.8 米，黄褐色，土质较疏松，包含少量料姜石等。

第②层：淤沙层，厚 0.24～0.5 米，浅黄色，土质较紧密，包含料姜石、陶片等，陶片为素面灰陶（图一八；彩版一二）。

2. 遗物

无。

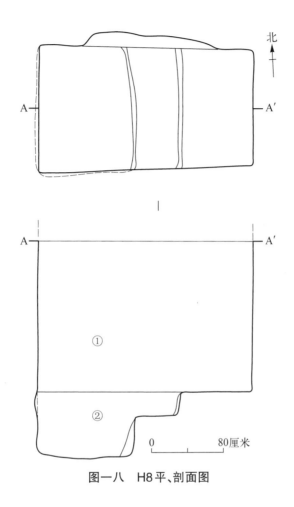

图一八 H8平、剖面图

（八）H9

1. 形制与结构

H9开口于③层下，向下打破生土，平面呈长方形，方向95°。坑口距地表1.1米，长2.7、宽1.6米。坑壁较整齐，坑底较平整，深1.3～2.28米。在其西部距开口1.3米处有一级台阶斜至坑底，长1、宽1.6、高0.98米。

坑内堆积可分为2层。

第①层：五花土层，厚1.6～1.7米，黄褐色，土质较疏松，包含少量料姜石等。

第②层：淤沙层，厚0.58～0.68米，浅黄色，土质较紧密，包含料姜石等，底中部出土1件陶杯（图一九；彩版一三，1）。

2. 遗物

陶杯 1件。H9：1，轮制，泥质灰陶，直口，方唇，直腹，平底，通体素面。口径11.9、底径7.6、高13.6厘米（图二〇；彩版一三，2）。

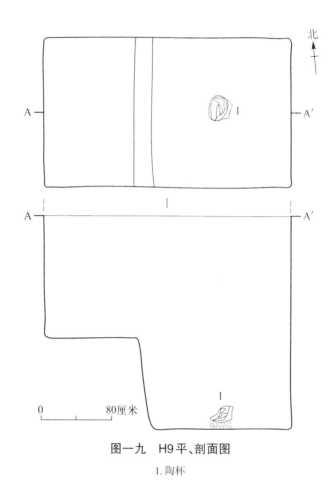

北

图一九　H9平、剖面图
1.陶杯

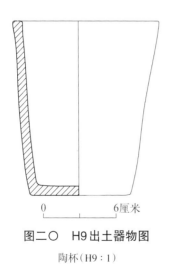

图二〇　H9出土器物图
陶杯（H9:1）

（九）H11

1. 形制与结构

H11北邻H12，开口于③层下，向下打破生土，方向0°，平面呈正方形。坑口长1.8～1.9、坑深1.8～1.96米。坑壁为直壁，壁面较光滑，坑底为平底，底部中央有一圆形凹陷处，西南角有两级台阶，第一级台阶长0.32、宽0.2、高0.22米，第二级台阶长0.34、宽0.18、高0.32米。坑内填土不分层，土色呈黄褐色，土质较疏松，包含少量碎砖块，坑内未出土遗物（图二一；彩版一四）。

2. 遗物

无。

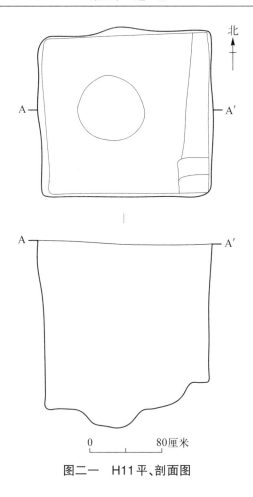

图二一　H11平、剖面图

（十）H12

1. 形制与结构

H12西邻Y1，开口于③层下，打破H14，向下打破生土，方向180°，开口平面呈长方形。坑壁为直壁，坑底为平底。坑内有二层台，台高1.04米。坑内南北长2.98、东西宽1.48～1.78米。坑口上部可能由塌方造成。坑内最深处3.2米，台阶距坑口2.16米，台阶上有陶器碎片，未见其他遗物（图二二；彩版一五）。

2. 遗物

无。

（十一）H13

1. 形制与结构

H13开口于③层下，向下打破生土，方向0°，平面呈圆形。坑壁为直壁，坑底为平底。坑口直径1.36、深0.7米。坑底较平整，坑内填深褐色五花土，土质较疏松，无包含物（图二三；彩版一六）。

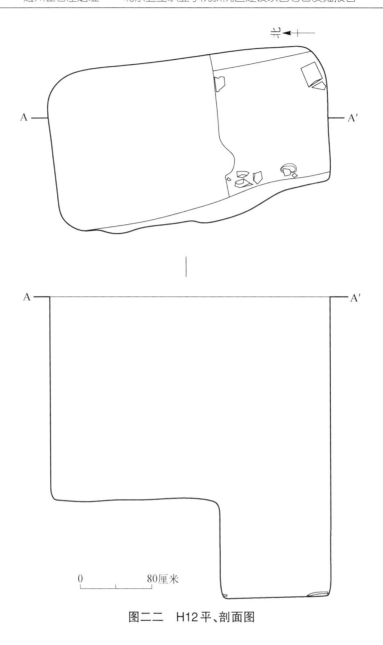

图二二　H12平、剖面图

2. 遗物

无。

（十二）H14

1. 形制与结构

H14开口于③层下，被H12打破，向下打破生土，方向0°，平面呈不规则形。坑口长3.74、宽2.22、深0.8米。坑底较平整，坑内填深褐色五花土，土质较疏松，无包含物（图二四；彩版一七）。

2. 遗物

无。

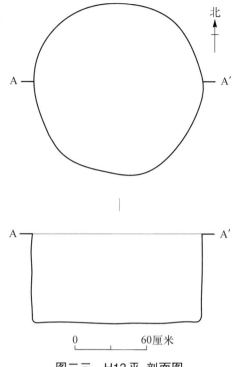

0　　　　　　60厘米

图二三　H13平、剖面图

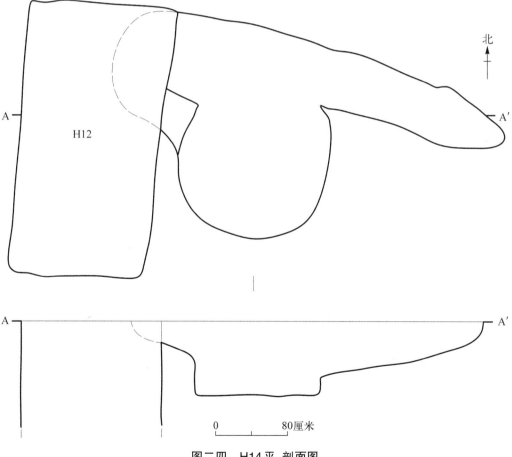

0　　　　　　80厘米

图二四　H14平、剖面图

（十三）H18

1. 形制与结构

H18开口于③层下,向下打破生土,方向272°,M24打破其北部。平面呈椭圆形,南北长2.04、东西宽1.78米,口大底小,四壁成弧状;坑底部呈长方形,长1.7、宽1.4米。

坑内堆积可分为2层:

第①层:浅黄色五花土,厚1.6米,土质较疏松,包含少量料姜石。

第②层:浅黄色五花土,厚0.3米,土质较紧密,无包含物(图二五;彩版一八)。

2. 遗物

无。

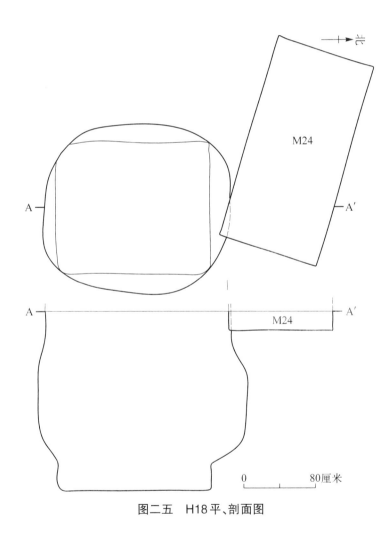

图二五　H18平、剖面图

（十四）H19

1.形制与结构

H19开口于③层下,向下打破生土,方向90°,平面呈不规则长方形,坑口距地表0.65米,长2.92、宽2.5米、深2米,周壁呈弧状。其北部设有一级台阶,距开口1.1米,台阶长0.9、宽2.1、高0.9米。坑底呈弧状,较平整。

坑内堆积可分为2层。

第①层:五花土层,厚1.7米,深褐色,土质较疏松,包含少量料姜石等。

第②层:淤沙层,厚0.3米,浅黄色,土质较紧密,无包含物(图二六;彩版一九)。

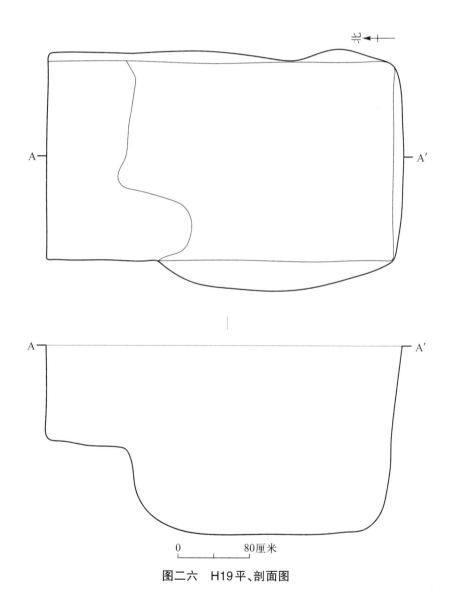

图二六　H19平、剖面图

2. 遗物

无。

（十五）H20

1. 形制与结构

H20开口于③层下，向下打破生土，方向176°，平面呈不规则长方形，坑口距地表1.1米，长2.82、宽1.82米。坑壁较整齐，坑底较平整。坑底平面呈长方形，长2.72、宽1.12、深2.7米。其北部距开口0.6米处有一级台阶，长1.28、宽1.2、高2.08米。

坑内堆积可分为2层。

第①层：五花土层，厚2米，黄褐色，土质较疏松，包含少量料姜石等。

第②层：淤沙层，厚0.7米，浅黄色，土质较紧密，无包含物（图二七；彩版二〇）。

2. 遗物

无。

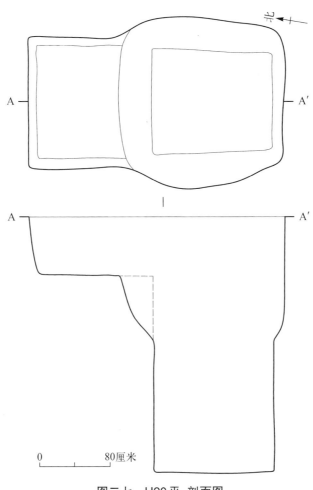

0　　　80厘米

图二七　H20平、剖面图

（十六）H21

1. 形制与结构

H21开口于③层下，向下打破生土，方向80°，平面呈长方形，坑口距地表1米，长1.68、宽1.43、深2.26米。坑壁较整齐，坑底较平整。其西部距开口1.04米处有两级台阶：第一级台阶长1、宽1.43、高0.16米；第二级台阶长0.2、宽1.4、高1.06米。

坑内堆积可分为2层。

第①层：五花土层，厚1.8米，黄褐色，土质较疏松，包含少量料姜石等。

第②层：淤沙层，厚0.46米，浅黄色，土质较紧密，无包含物（图二八；彩版二一）。

2. 遗物

无。

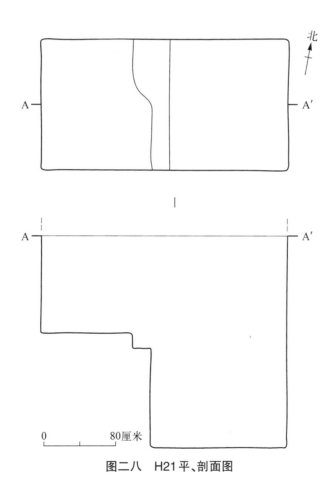

图二八　H21平、剖面图

（十七）H22

1. 形制与结构

H22开口于③层下，向下打破生土，方向100°，平面呈长方形，坑口距地表0.8米，长2.36、宽1.12、深1.7米。坑壁较整齐，坑底较平整。其西部距开口1.4米处设有一级台阶，长0.9、宽1.12、高0.3米。

坑内堆积可分为2层。

第①层：五花土层，厚1.5米，黄褐色，土质较疏松，包含少量料姜石等。

第②层：淤沙层，厚0.2米，浅黄色，土质较紧密，无包含物（图二九；彩版二二）。

2. 遗物

无。

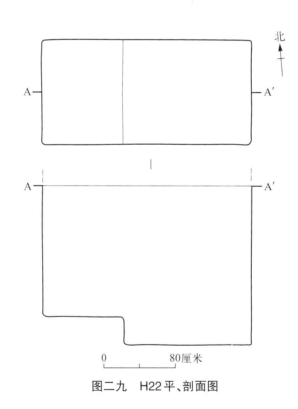

图二九　H22平、剖面图

（十八）H23

1. 形制与结构

H23开口于③层下，向下打破生土，方向84°，平面呈不规则圆形。坑口长1.44、宽1.22、深1.08米。坑内填土不分层，坑壁上部分为敞口，下部分较直，坑底为平底（图三〇；彩版二三）。

2. 遗物

无。

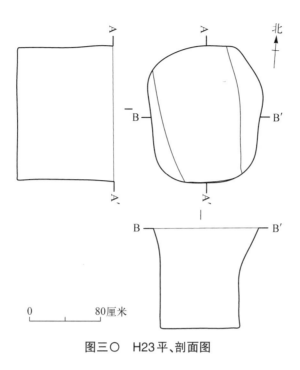

图三〇　H23平、剖面图

（十九）H24

1. 形制与结构

H24开口于③层下，向下打破生土，方向170°，平面呈长方形，坑口距地表0.88米，坑口长2.53、宽1.28米，坑深2.32米。坑壁较整齐，坑底较平整。其南部距地表1.4米处设有两级台阶：第一级台阶长0.7、宽1.28、高0.7米；第二级台阶长1.24、宽1.28、高0.22米。

坑内堆积可分为2层。

第①层：五花土层，厚1.8米，黄褐色，土质较疏松，包含少量料姜石等。

第②层：淤沙层，厚0.52米，浅黄色，土质较紧密，无包含物（图三一；彩版二四）。

2. 遗物

无。

（二十）H25

1. 形制与结构

H25开口于③层下，向下打破生土，方向98°，平面呈长方形，坑口距地表0.4米，坑口长2.6、宽1.68米。坑壁较整齐，坑底较平整。其东部距地表1米处有一级台阶，台阶长1.18、宽1.68、高1.5米。坑底平面呈不规则圆形，东西长1.38、南北宽1.5、深2.5米。

坑内堆积可分为2层：

第①层：五花土层，厚2.1米，深褐色，土质较疏松，包含少量料姜石等。

第②层：淤沙层，厚0.4米，浅黄色，土质较紧密，无包含物（图三二；彩版二五）。

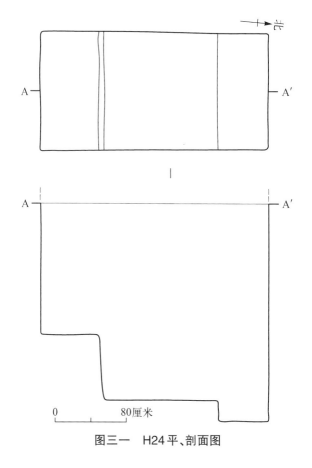

图三一　H24平、剖面图

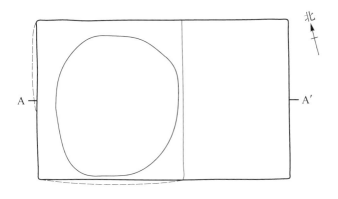

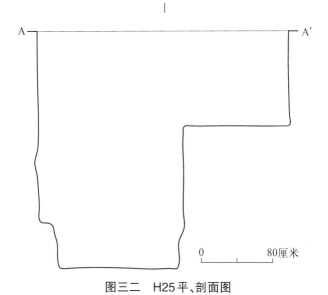

图三二　H25平、剖面图

2. 遗物

无。

（二十一）H26

1. 形制与结构

H26开口于③层下，向下打破生土，方向156°，平面呈长方形，坑口距地表0.8米，坑口长2.64、宽1.24、深1.38米。坑壁较整齐，坑底较平整。内填深褐色五花土，土质较疏松，无包含物，坑底出土素面灰陶片等（图三三；彩版二六）。

2. 遗物

无。

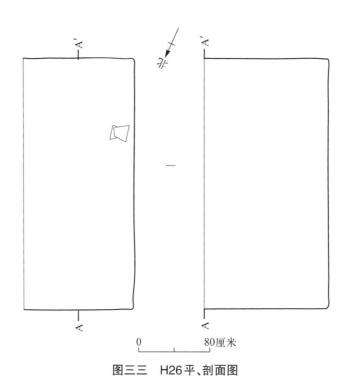

图三三　H26平、剖面图

（二十二）H27

1. 形制与结构

H27开口于③层下，向下打破生土，方向57°，平面呈凸字形，坑口距地表0.8米，坑口长1.21～4.91、宽0.92～2.56、深0.6米。坑壁较整齐，坑底较平整。内填深褐色五花土，土质较疏松，无包含物（图三四；彩版二七）。

2. 遗物

无。

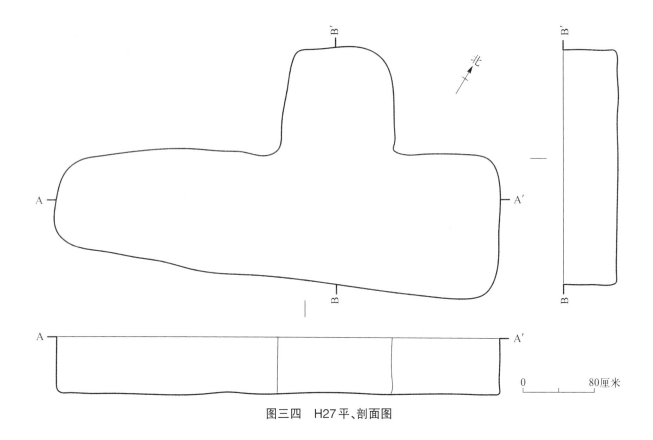

图三四　H27平、剖面图

（二十三）H28

1. 形制与结构

H28开口于③层下，向下打破生土，方向0°，平面呈不规则形，开口距地表1.08米。坑口南北长4.78、东西宽4.66、坑深0.68米。坑壁为直壁，壁面粗糙，坑底为平底。坑壁未发现明显的人为加工痕迹。填土呈黑褐色，土质较致密。包含少量草木灰及陶片，陶片多数为夹云母红陶，可辨器形有罐（图三五；彩版二八）。

2. 遗物

无。

（二十四）H29

1. 形制与结构

H29开口于③层下，向下打破生土，方向0°，平面呈不规则形，口大底小。上口长3.6、宽2.1米，距地表0.6米；下口长3.46、宽2、深0.6米，坑底较平整。坑内填深褐色五花土，土质较疏松，无包含物（图三六；彩版二九）。

2. 遗物

无。

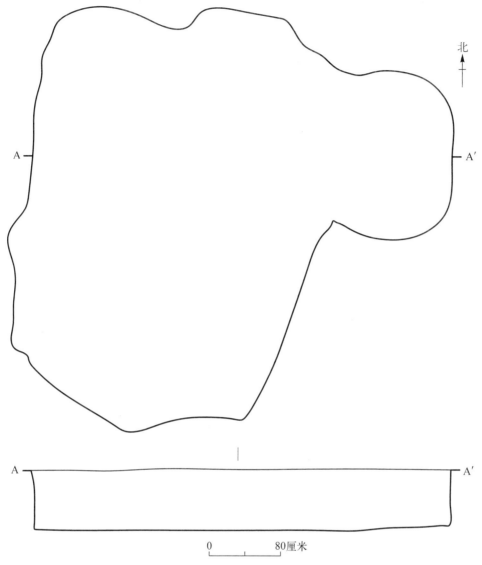

北

图三五　H28平、剖面图

0　　　　　80厘米

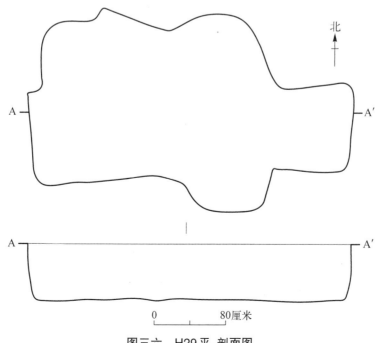

北

0　　　　　80厘米

图三六　H29平、剖面图

（二十五）H30

1.形制与结构

H30西邻H31，开口于③层下，向下打破生土，方向153°。坑口距地表0.72米，平面呈长方形，被一近代圆形坑打破其东北角。H30开口长2.44、宽1～1.2米。坑壁较整齐，其北部距开口1.3米处设有一级台阶，长0.4、宽1～1.04、高0.6米。斜至坑底，坑底平面呈长方形，长1.7、宽1.04～1.2米、深1.9米。

坑内堆积可分为2层。

第①层：五花土层，厚1.5米，黄褐色，土质较疏松，包含料姜石等。

第②层：淤沙层，厚0.4米，浅黄色，土质较致密，无包含物（图三七；彩版三〇）。

2.遗物

无。

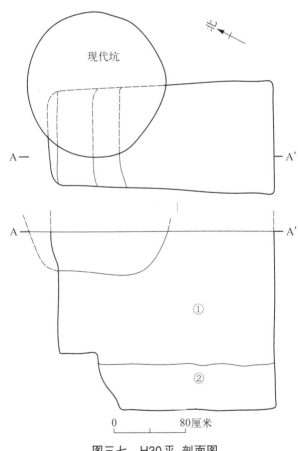

图三七　H30平、剖面图

（二十六）H31

1. 形制与结构

H31东邻H30，开口于③层下，向下打破生土，方向165°。坑口距地表0.72米，开口平面呈不规则长方形，长2.88、宽1.78米。其北部距开口1.1米处设有两级台阶，斜面，第一级台阶长0.4、宽1、高0.6米；第二级台阶长0.76、宽1、高0.18米。坑底平面呈长方形，长1.22、宽1、深2.04米。坑壁有塌陷。第二级台阶处出土有一草制品，平铺于第二级台阶上，长0.62、宽0.62米。

坑内堆积可分为2层。

第①层：五花土层，厚1.6米，黄褐色，土质较疏松，包含料姜石等。

第②层：淤沙层，厚0.4米，浅黄色，土质较致密，无包含物（图三八；彩版三一）。

2. 遗物

无。

（二十七）H32

1. 形制与结构

H32东邻H30，开口于③层下，向下打破生土，方向75°。坑口距地表0.72米，开口平面近圆形，长2.31、宽1.46、深0.8米。坑底较平整，四壁粗糙，坑底为平底，无包含物（图三九；彩版三二）。

2. 遗物

无。

（二十八）H33

1. 形制与结构

H33南邻G1，开口于③层下，向下打破生土，方向90°。坑口距地表0.75米，平面呈梯形，长3.06、宽1.56～2.5、深2.1米。四壁较整齐，其北部距开口1.3米处设有两级台阶：第一级台阶长1.2～1.1、宽1.56～2.18、高0.5米；第二级台阶长0.5～0.9、宽2.18～2.36、高0.3米。底部较平缓。

坑内堆积可分为2层。

第①层：五花土层，厚1.6米，深褐色，土质较疏松，包含少量料姜石等。

第②层：淤沙层，厚0.5米，浅黄色，土质较致密，无包含物（图四〇；彩版三三）。

2. 遗物

无。

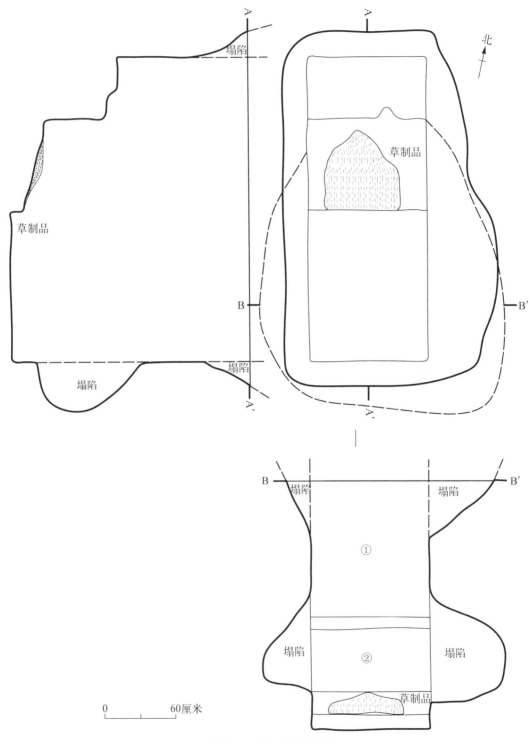

图三八　H31平、剖面图

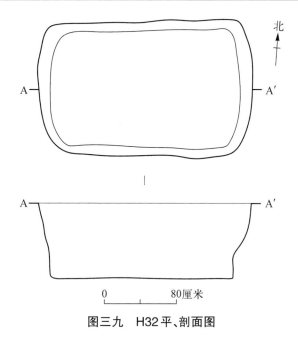

图三九　H32平、剖面图

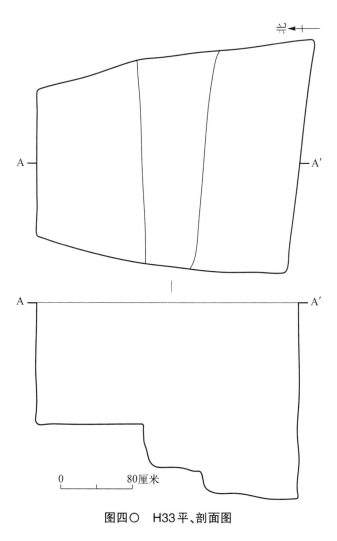

图四〇　H33平、剖面图

（二十九）H34

1. 形制与结构

H34开口于③层下，向下打破生土，方向110°，平面呈不规则长方形。坑口距地表1.2米，长3.54、宽1.49~1.72米。坑底平面呈不规则长方形，长2.4、宽1.5~1.7、深1.3米。坑壁较整齐，坑内东部设有一级台阶，长1.04、宽1.5、高0.7米。坑内填土为灰褐色花土夹料姜石，未发现其他包含物（图四一；彩版三四）。

2. 遗物

无。

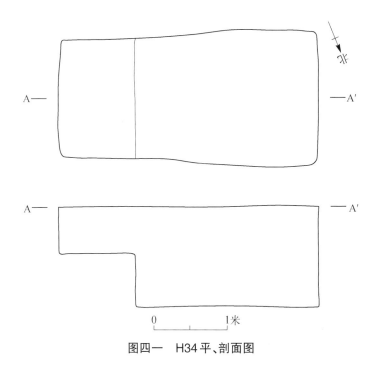

图四一　H34平、剖面图

三、清代灰坑

H10

1. 形制与结构

H10开口于②层下，向下打破生土，方向8°，平面呈不规则圆形，坑口直径2、深1.62米。坑壁较直，壁面粗糙。坑内填土不分层，包含大量碎小砖块与石块，土色呈黄褐色，土质较疏松。坑口处出土一件经幢幢身。坑底出土经幢座与经幢盘盖（图四二；彩版三五）。

2. 遗物

幢座　1件。H10：1，石质，残，立面雕刻麒麟纹一组，顶部錾刻卷云纹及莲花纹。长53、宽21.5、高20.5厘米（图四三，2）。

碑座　1件。H10：2，石质，长方形，中部凿刻长方形凹槽。碑座长90、宽71、厚25.3厘米，槽

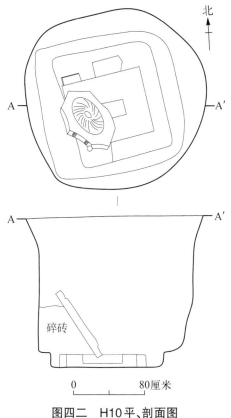

图四二　H10平、剖面图

长34.5、宽18、深14厘米（图四三，4）。

幢盘盖　1件。H10：3，青石质，八角形，扁平，顶部雕刻呈屋顶状，分为8组，每组刻有瓦当，滴水，尾端略上翘，盖底部中部錾刻榫眼，圆形，榫眼进深5厘米。屋顶直径70、每组边上28～29.5、高10厘米（图四三，3）。

幢身　1件。H10：4，石质，柱状，截面呈八角形，幢身两端保留圆形榫头，8面錾刻铭文6组，榫头高4.5厘米。幢身高119、宽47～48.6厘米（图四三，1；彩版三六）。

铭文1（图四四）：

圣千手千眼大悲心陀罗尼曰」

唐开元三朝灌顶国师和尚特进鸿胪卿开府仪同三司赠司空大辩智广盖大师大兴善寺三藏沙门不空奉诏译」

曩谟囉怛曩二合怛囉二合夜野曩莫阿哩也二合嚩路枳帝湿嚩二合囉野冒地萨怛嚩二合野」*

摩贺萨怛嚩二合野摩贺迦噜抳迦野唵萨囉嚩二合婆曳数怛囉二合拏迦囉野怛瀉」

------

*　录文为梵文音译，据拓片录入，为保持原貌，采用繁体字或直接造字，难以识别者用方框代替——编者注。

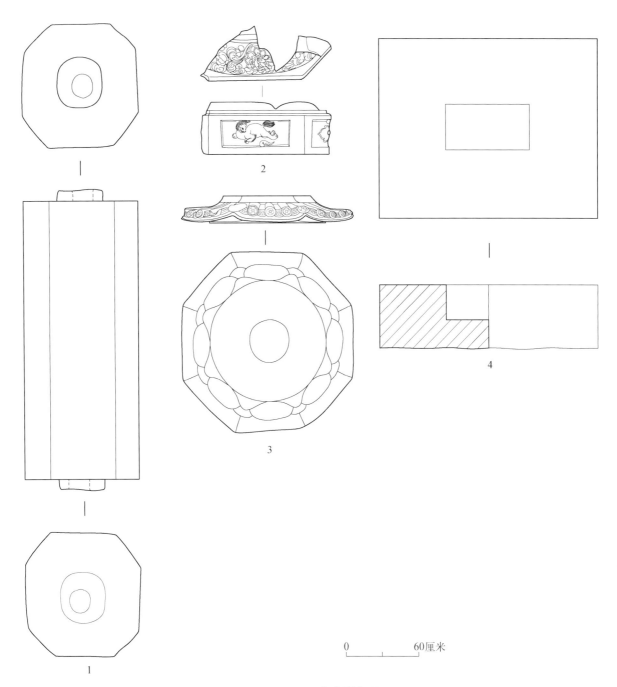

图四三　H10出土器物图

1. 幢身（H10∶4）　2. 幢座（H10∶1）　3. 幢盘盖（H10∶3）　4. 碑座（M10∶2）

铭文2（图四五）：

铭曩莫塞訖哩^{三合}怛嚩^{二合}伊□阿哩也^{二合}嚩路枳帝濕嚩^{二合}囉怛嚩^{二合}攞建姪曩麼」

紇哩^{二合}娜野麼韈哩跢^{二合}以瑟也^{二合}弭薩囉嚩^{引二合}囉他^{二合}娑馱喃輸咩阿唅琰^{二合}薩囉嚩^{二合}」

部哆喃婆嚩沫㗚誐^{三合}尾戌駄釖怛你也^{二合}他唵阿路計阿路迦摩底路迦底」

图四四　铭文1

訖嚩二合帝吶吶入賀嚩摩賀冒地薩怛嚩二合娑麼二合囉娑麼二合囉紇哩二合娜野矩嚕矩嚕﹂
羯囉□二合娑達野娑達野度嚕度嚕尾演底摩賀尾演底馱囉馱囉達捺嚟二合﹂
濕嚩二合囉左攞左攞摩攞尾摩攞阿摩攞母哩帝暗醯曳二合吶路枳濕嚩二合囉囉﹂

铭文3（图四六，1）
誐尾灑尾曩捨野你吷二合灑尾灑尾曩捨野慕賀左囉尾灑尾曩捨野護嚕﹂

護嚕麼攞護嚕賀嚛鉢娜麼⁽二合⁾曩婆娑囉娑囉悉哩悉哩素嚕素嚕沒地野⁽二合⁾」

沒地野⁽二合⁾冒駄野冒駄野眛⁽上⁾帝嚛⁽二合⁾㘑顜攞建姹迦囉麼⁽二合⁾寫那哩捨⁽二合⁾喃鉢囉⁽二合⁾賀攞⁽二合⁾」

娜野摩諾娑嚩⁽二合⁾賀悉駄野娑嚩⁽二合⁾賀摩賀悉駄野娑嚩⁽二合⁾賀悉駄⁽引⁾喻藝濕嚩⁽二合⁾囉野」

铭文4（图四六，2）

娑嚩⁽二合⁾賀顜攞建姹野娑嚩⁽二合⁾賀嚩囉賀穆怯賀穆怯野娑嚩⁽二合⁾賀鉢娜麼⁽二合⁾賀」

娑哆⁽二合⁾野娑嚩⁽二合⁾賀作羯囉⁽二合⁾庚駄野娑嚩⁽二合⁾賀商佉捨嚩娜⁽二合⁾顜冒達曩野娑嚩⁽二合⁾賀」

摩賀攞矩吒駄囉野娑嚩⁽二合⁾賀嚩麼娑建⁽二合⁾駄祢哩捨⁽二合⁾悉體⁽二合⁾路訖哩⁽二合⁾瑟拏⁽二合⁾吥曩」

野娑嚩⁽二合⁾賀尾野⁽二合⁾伽囉⁽二合⁾枒囉麼⁽二合⁾你嚩娑曩野娑嚩⁽二合⁾賀曩謨囉怛曩⁽二合⁾怛囉⁽二合⁾夜野曩謨」

阿哩也⁽二合⁾嚩路枳帝濕嚩⁽二合⁾囉野娑嚩⁽二合⁾賀文殊五字真言梵文（略……）」

智炬如来心破地狱陀罗尼日」

铭文5（图四六，3）

梵文（略……）

铭文6（图四七）

大朝中都漷阴县佑国禅寺」

西堂和尚师怀州东徐涧人也俗姓刘氏幼岁出家礼□□□南西□县灵□□讲主为师于」

少林□□处得法师法词三人一净老二锦□三融老□七住大刹仁山仰山归仪荐福其」

泉佑国怀州□□两处奉」

圣旨主持何也佑国□泉□佑国寺□盖方丈灵堂厨房僧房大小三十余间重修」

佛殿脊檐再安东吻又塑壁室诸处兴盖及多利济后人以□种殊勋资严」

先师光荐报土」

图四五　铭文2

图四六　铭文 3、4、5　　　　　图四七　铭文 6

至元□年□□日」

□□」

□□」

监寺」

提点」

嗣□住持比丘　立石」

第二节　清 代 灰 沟

G1

1.形制与结构

G1北邻H33,开口于②层下,向下打破生土,方向90°。开口距地表0.7米,平面呈长条状,内填浅黄色淤沙土,土质较致密。周壁为坡状,底部呈弧状,西高东低。其解剖区域为一段石块堆积密集处,石块呈不规则散乱堆积,初步推测应为水流冲击堆积于此。其解剖中部较窄,为东西宽、中部窄。西部宽6.5、深0.7米,并向西、向外延伸8米。中部宽3.1、深1.2米,为石块堆积密集处。东部宽4.2、深2.2米,并向东延伸11米(图四八;彩版三七)。

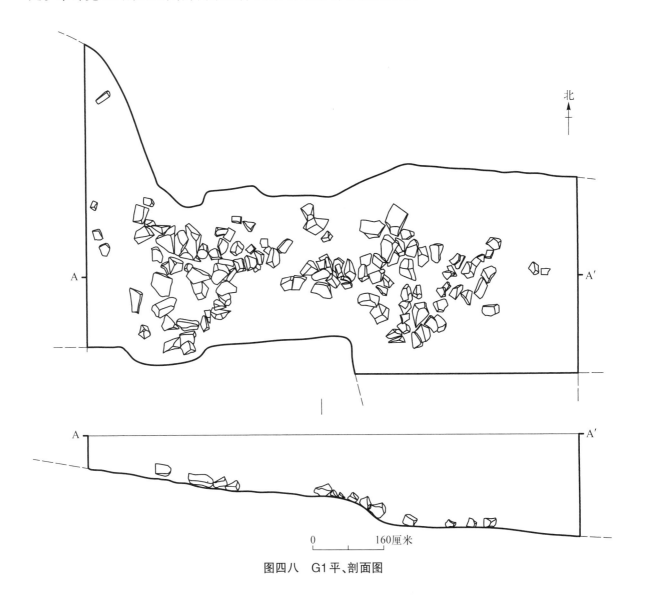

图四八　G1平、剖面图

2.遗物

无。

第三节 水 井

一、汉代水井

J3

1.形制与结构

J3开口于④层下,向下打破生土,方向90°。平面呈圆形,开口距地表1.1米。外圹较大,外圹直径3.04米,圹内有两层台阶,用途未知。圹内用砖券成八角形水井,直径0.74米。水井深度不详。J3填土中陶片较少,出土1枚铜钱(五铢)(图四九;彩版三八)。

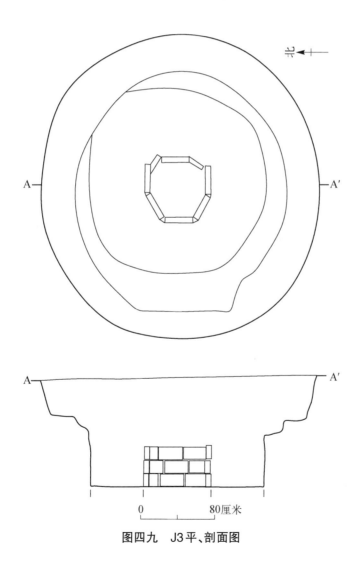

图四九　J3平、剖面图

2. 遗物

铜钱　1枚。J3∶1，范铸，正面铸"五铢"二字，"五"字交叉，两笔缓曲，"金"头三角形，四竖点，"朱"字上笔方折，下笔圆折，背面无字，篆书，对读，圆形方穿。圆长2.5、方穿1厘米（图五〇）。

二、清代水井

（一）J1

1. 形制与结构

J1南邻M9，开口于②层下，向下打破生土，方向85°。平面呈圆形，开口距地表0.6米，直径1.9、深1.9米。壁面较整齐，底部较平整，内填浅褐色五花土，土质较疏松，无包含物。口小底大，井底直径1.94米（图五一；彩版三九）。

2. 遗物

无。

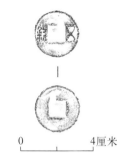

图五〇　J3出土铜钱（J3∶1）

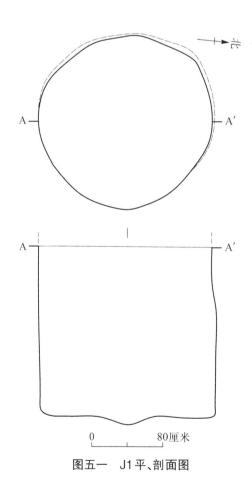

图五一　J1平、剖面图

（二）J2

1. 形制与结构

J2开口于②层下，向下打破生土，方向0°。井口平面呈圆形，土圹较大，外圹直径为6.58米，水井内直径为2.32米（图五二；彩版四〇）。内壁用青砖砌筑。井为圆形，因受挤压已变形。水井深度不详。水井墙体砌法为错缝平铺，用砖规格：27～28厘米×13～14厘米×6厘米。

2. 遗物

无。

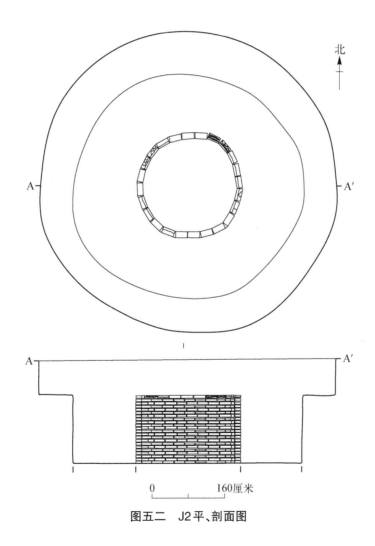

图五二　J2平、剖面图

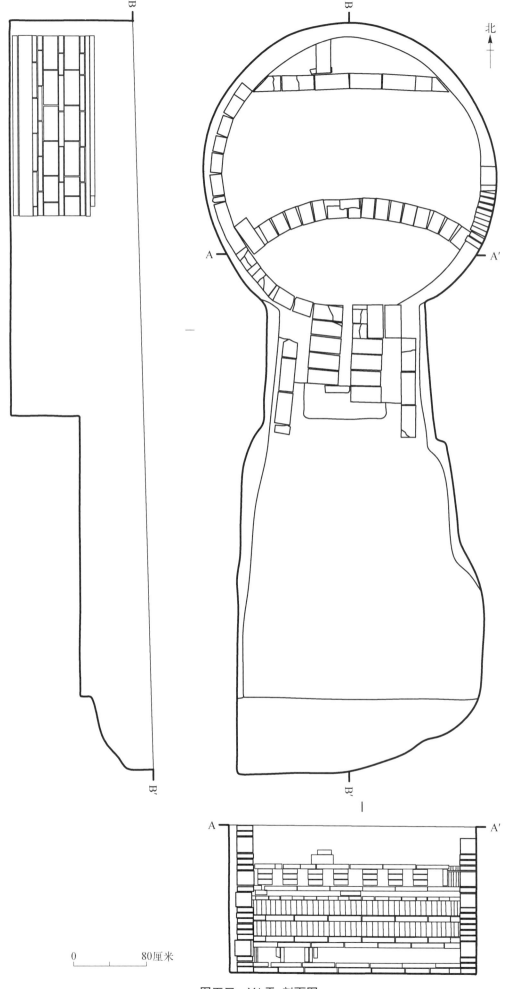

北

0   80厘米

图五三　Y1平、剖面图

第四节　清代窑址

Y1

1. 形制与结构

Y1东邻H12，开口于②层下，向下打破生土，方向180°，土圹总长7.98、宽2.75、深1.42米，由操作间、窑门、火膛、窑床、烟道组成。

操作间：位于窑室南部，形状不规则形，带有坡道。长3.74、宽2.16～2.66、深0.42～0.8米。

窑门：由青砖错缝平铺而成，上部已被破坏，残存底部。窑门中间部位有一缝隙直通火膛底部，宽0.1～0.14米，推测可能为进风口。

火膛：位于窑床与窑门中间，火膛内有较多草木灰与石灰，火膛底部由砖坯组成。火膛深0.76米。

窑床：呈半圆形，由砖坯砌成，窑床有一层烧结面，较平坦。窑床距地表0.65米。

烟道：已坍塌。

窑室：墙体由砖坯砌成，大部分已碎裂（图五三；彩版四一、四二）。

2. 遗物

无。

第五节　清代房址

Q1

1. 形制与结构

Q1开口于②层下，向下打破③层和生土，方向0°，开口距地表0.8米。墙体宽0.2～0.5、残高0.1米。墙体向东西延伸，长度不详。对周边的勘探未发现其他墙体，因而其具体用途不详（图五四；彩版四三）。

2. 遗物

无。

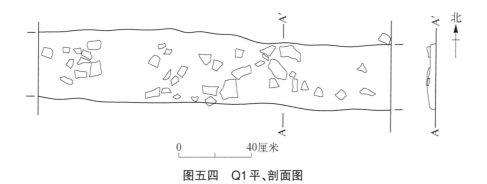

图五四　Q1平、剖面图

第三章 墓 葬

第一节 西 晋 墓 葬

（一）M31

1. 墓葬形制与结构

M31东邻M30，开口于④层下，向下打破生土，方向170°。甲字形形竖穴土圹砖室墓，墓口距地表1.2米，墓圹南北长6.41、东西宽1.55～1.88、深1.41米。该墓由墓道、墓门、墓室组成。

墓道：斜坡式，平面呈长方形，长1.66、宽0.75～0.95米，坡长2米。

墓门：砖砌拱券式，门高1.03、宽6.3、进深0.36米。封门为青砖错缝平铺，保存较完好。

墓室：平面呈梯形，墓室四周墙体砌法为"平铺错缝"，拱券顶，墓底残砖铺墁，中部由三块砖竖立隔开，象征隔间。墓内未发现葬具，墓底出土墓主人骨架四具（二男二女），北部有两具人骨（一男一女），南部有两具人骨（一男一女），骨架分布较凌乱（图五五；彩版四四、四五）。

2. 随葬品

该墓内未发现随葬品。

（二）M67

1. 墓葬形制与结构

M67南邻M68，开口于④层下，向下打破生土，方向214°。刀形竖穴土圹砖室墓，由于破坏严重，仅残留底部。墓口距地表深1米。墓圹通长7.74、宽1.1～2.4、深0.6米。墓圹四壁较整齐，内填花土，含料姜石，土质较硬。该墓由墓道、墓门、墓室组成。

墓道：平面呈近梯形，斜坡式，长3.4、宽1.1～1.6米。内填花土，土质较硬，东、西、南三壁较整齐。

墓门：由于破坏严重，仅残留土圹，土圹宽1.6米，砌法不详。

墓室：平面呈近长方形，周壁破坏严重，仅留北部少量砌砖。土圹长3.7、宽2.4、深0.6米。四壁较整齐，墓室内砌砖仅残留2层，为顺向错缝平砌，墙宽0.3米，用砖规格：29厘米×14厘米×5厘米。墓底未发现葬具、墓主人骨架及随葬品（图五六；彩版四六）。

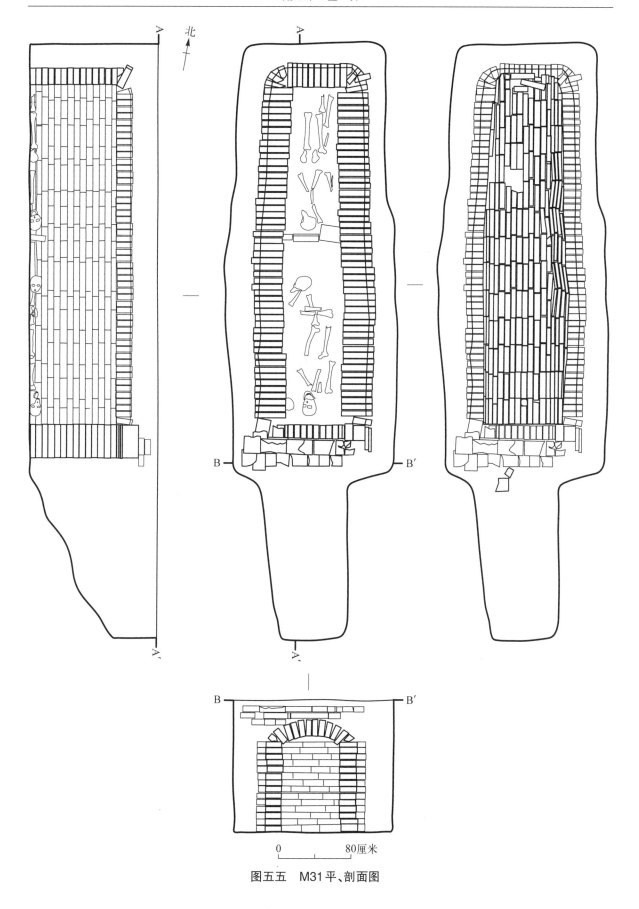

图五五　M31平、剖面图

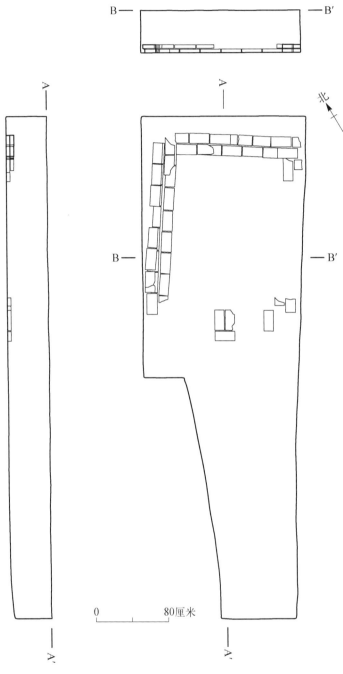

图五六　M67平、剖面图

2. 随葬品

该墓内未发现随葬品。

（三）M68

1. 墓葬形制与结构

M68北邻M67，东邻M69，开口于④层下，向下打破生土，方向206°。刀形竖穴土圹砖室墓，由于破坏严重，仅残留下部。墓口距地表1米。墓圹通长8、宽1.3～2.9、深0.8米。墓圹四壁较整齐，墓内填土为花土，土质较硬。该墓由墓道、墓门、甬道、墓室组成。

墓道：平面呈近长方形，斜坡式。长2.2、宽1.3～1.5米。内填花土，包含料姜石，土质较硬，东、西、南三壁较整齐。

墓门：破坏严重，仅存底部，门道宽0.89米，封门砖尚存两层，为一立一平封堵。

甬道：平面呈长方形，采用青砖两平一竖砌成。东西宽1.48、进深1.9、残高0.32米。

墓室：平面呈近长方形，土圹长3.4、宽2.9米。周壁墙体及顶部已被破坏，墙体残长3.2、宽2.8、宽0.29米，墙壁采用两平一竖叠压砌制，用砖规格：29厘米×14厘米×5厘米。墓室底部为条砖铺墁。西半部设棺床，占据墓室一半的空间，棺床破坏严重，仅存部分，棺床上未发现葬具和墓主人骨架（图五七；彩版四七，1、3）。

2. 随葬品

铜钱 1枚。

M68：1，范铸，正面铸"五铢"二字，"五"字交叉，两笔缓曲，"金"头三角形，四竖点，"朱"字上笔方折，下笔圆折，背面无字，篆书，对读，圆形方穿。圆长2.6、方穿0.9厘米（图五八）。

（四）M69

1. 墓葬形制与结构

M69西邻M68，开口于④层下，向下打破生土，方向210°。刀形竖穴土圹砖室墓，由于破坏严重，仅残留下部。墓口距地表1米。墓圹通长6.04、宽0.6～2.2、深0.82米。墓圹四壁较整齐，墓内填土为花土，土质较硬。该墓由墓道、甬道、墓室组成。

墓道：平面近长方形，台阶式，长1.8、宽0.6～0.8米。内填花土，包含料姜石，土质较硬，东、西、南三壁较整齐。底部设2级台阶，长0.7、宽0.6、高0.4、斜长0.3米。

甬道：平面呈长方形，仅残留两层平砖，东西墙宽1.42、进深0.6、残高0.32米。

墓室：平面近长方形，土圹长3.9、宽2.2米。周壁砖墙破坏严重，仅存底部，墙体长3.3、宽2.1、高0.29米。墙壁采用青砖两平一竖叠压砌制，墓底未铺砖，墓砖规格：29厘米×14厘米×5厘米。墓室内未发现葬具、墓主人骨架及随葬品（图五九；彩版四七，2、4）。

2. 随葬品

该墓内未发现随葬品。

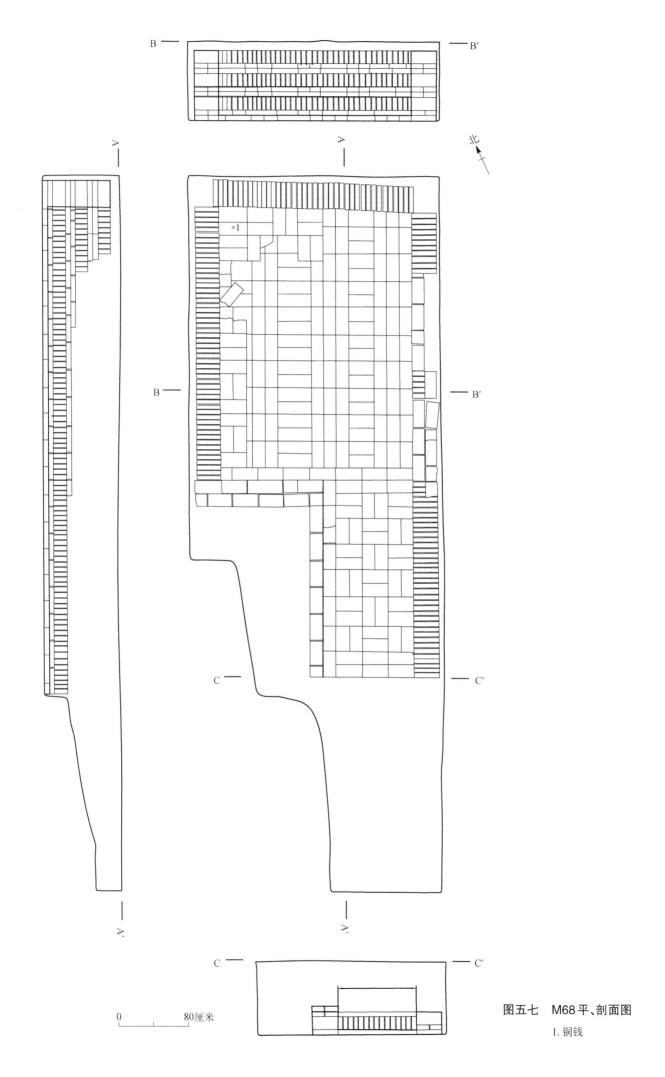

北

0 ——————— 80厘米

图五七　M68平、剖面图

1. 铜钱

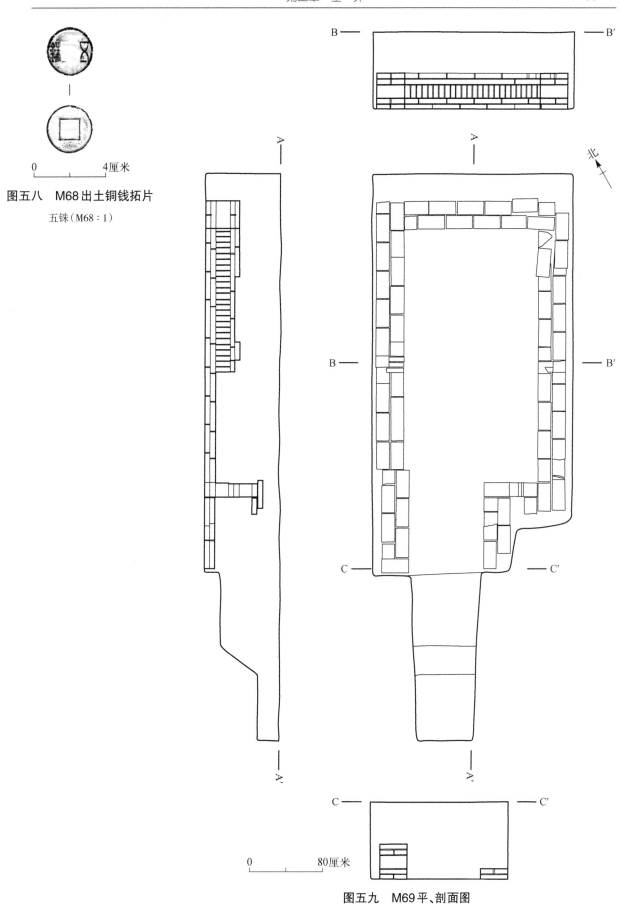

图五八 M68出土铜钱拓片

五铢（M68：1）

图五九 M69平、剖面图

第二节　唐代墓葬

（一）M41

1. 墓葬形制与结构

M41开口于③层下，向下打破生土，方向170°。船形竖穴土圹砖室墓，墓口距地表1.1米，墓圹长2.85、宽0.7～1、深0.34米。墓圹内砖砌墓室，平面呈船形，长2.86、宽0.7～1、深0.34米。墓室四壁采用平砖错缝砌筑，顶部被破坏，结构不详，墓底未铺砖。墓内未发现葬具，墓主人为男性，骨架保存一般，长1.48米，头向南，面向不详，仰身直肢葬（图六〇；彩版四八，1、2）。

2. 随葬品

陶盏　1件。M41：1，轮制，泥质灰陶，敞口，尖圆唇，斜弧腹，平底。口径7.6、底径2.9、高2.4厘米（图六一，1；彩版四八，3）。

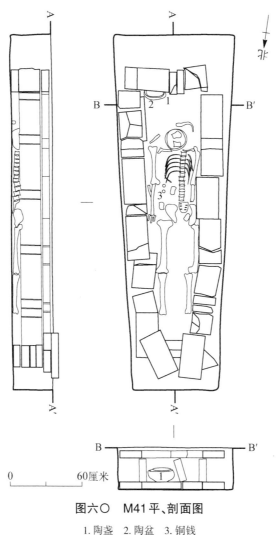

0　　　　　60厘米

图六〇　M41平、剖面图

1. 陶盏　2. 陶盆　3. 铜钱

陶盆 1件。M41：2，轮制，泥质灰陶，侈口，尖唇，斜沿，沿周缘饰四道凸旋纹，鼓腹，平底内凹，通体素面。口径14.2、底径8.8、高9.6厘米（图六一，2；彩版四八，4）。

铜钱 1枚。M41：3，范铸，正面铸"开元通宝"四字，背面穿孔上部饰上月牙形，隶书，对读，圆形方穿。圆长2.4、方穿0.5厘米（图六二）。

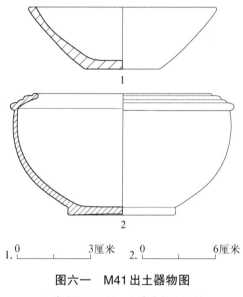

1. 0 ____ 3厘米   2. 0 ____ 6厘米

图六一　M41出土器物图

1. 陶盏（M41：1）　2. 陶盆（M41：2）

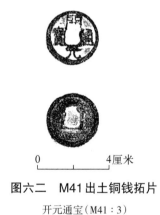

0 ____ 4厘米

图六二　M41出土铜钱拓片

开元通宝（M41：3）

（二）M63

1. 墓葬形制与结构

M63开口于③层下，向下打破生土，方向170°。梯形竖穴土圹砖室墓，墓口距地表1.18米，墓圹平面呈梯形，长2.44、宽0.82～0.92、深0.55米。墓室周壁墙用青砖砌筑，砌法为错缝平铺，叠涩顶，立砖斜置封顶，墓底有一层铺地砖，未发现棺木痕迹。墓主人骨架保存一般，头向南，面向上，性别不详，仰身直肢葬。随葬品置于墓室顶部南端（图六三；彩版四九，1～3）。

2.随葬品

瓷碗　1件。M63∶1,轮制,敞口,尖唇,弧腹,圈足内凹,碗内施满釉,碗外施半釉,釉较薄,碗底留有三处圆形支垫痕。口径12.2、底径5.4、高7.6厘米(图六四;彩版四九,4)。

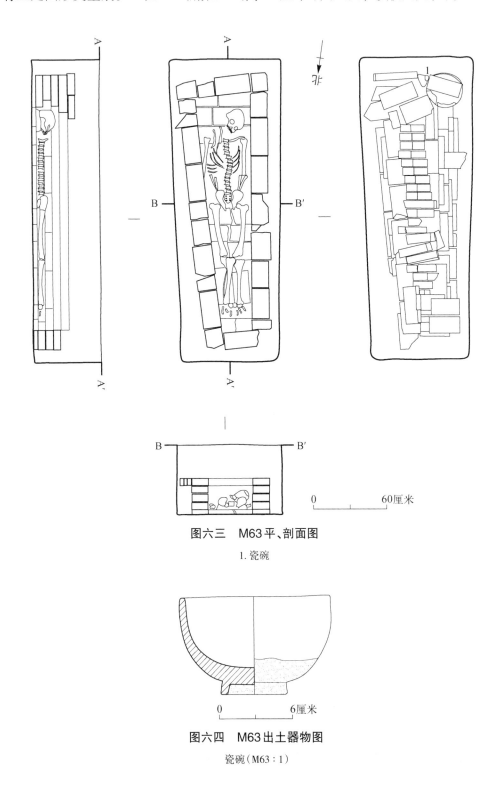

0　　　　60厘米

图六三　M63平、剖面图

1.瓷碗

0　　　　6厘米

图六四　M63出土器物图

瓷碗(M63∶1)

第三节 辽代墓葬

（一）M1

1. 墓葬形制与结构

M1开口于③层下，叠压于M4上，向下打破生土，方向185°。甲字形竖穴土圹砖室墓，墓圹总长4.64、宽2.88、深0.68米。墓圹四壁较整齐，墓内填土为深褐色五花土，土质较疏松。该墓由墓道、墓室两部分组成。

墓道：斜坡式，平面呈梯形，南窄北宽，口底同大。墓道长1.7、宽0.8～1.46、深0.1～0.7米（距墓口），底坡长1.34米。

墓室：平面呈圆形，南北长2.94、东西宽3、深0.7米。墓室西部、北部残存砖砌的墓室墙壁，由一层平铺、一层竖砌垒砌而成，仅存三层，用砖规格：36厘米×18厘米×60厘米。墓室北部偏西残存部分棺床，仅存3块平铺的青砖，残长0.36、宽0.56、高0.14米（图六五；彩版五〇，1）。

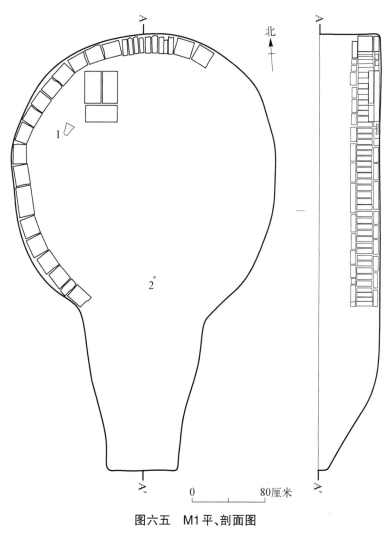

图六五　M1平、剖面图

1. 陶簸箕　2. 铜钱

2. 随葬品

陶簸箕　1件。M1：1，模制，泥质灰陶，器口为铲形，内底下凹，内饰柳条纹。长13.2、宽11.4、高2.6厘米（图六六；彩版五〇，2）。

铜钱　1枚。M1：2，范铸，正面铸"绍圣元宝"四字，篆书，旋读，圆形方穿，背面无字，圆形方穿。圆长2.5、方穿0.6厘米（图六七）。

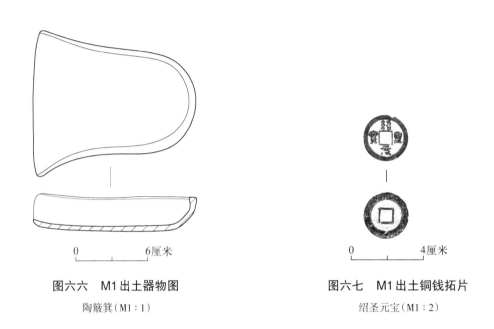

0	6厘米	

图六六　M1出土器物图
陶簸箕（M1：1）

0	4厘米

图六七　M1出土铜钱拓片
绍圣元宝（M1：2）

（二）M10

1. 墓葬形制与结构

M10西邻M11，开口于③层下，向下打破生土，方向160°。甲字形竖穴土圹砖室墓。墓圹残长3.86、宽2.86、深0.71米。该墓由墓门、甬道、墓室组成，墓道南侧已被破坏。

墓门及甬道仅存一层单砖。

甬道宽0.85、进深0.93、残高0.08米。

墓室平面呈圆形，残高0.35米，墓室东部被现代坑打破至墓底，周壁墙体破坏严重，砌法应为一丁一顺。因破坏严重，未见葬具和墓主人骨架（图六八；彩版五一，1）。

2. 随葬品

陶杯　3件。

M10：1，轮制，泥质灰陶，敞口，直腹，平底，底部有明显刮痕，通体素面。口径12.6、底径7.8、高12.3厘米（图六九，1；彩版五一，2）。

M10：2，轮制，泥质灰陶，敞口，平沿，直腹微收，平底，底部有明显刮痕，通体素面。口径12.4、底径8.8、高12.6厘米（图六九，2；彩版五一，3）。

M10：3，轮制，泥质灰陶，直口，方唇，短颈，直腹，平底，底部有明显刮痕，内外有明显修坯旋

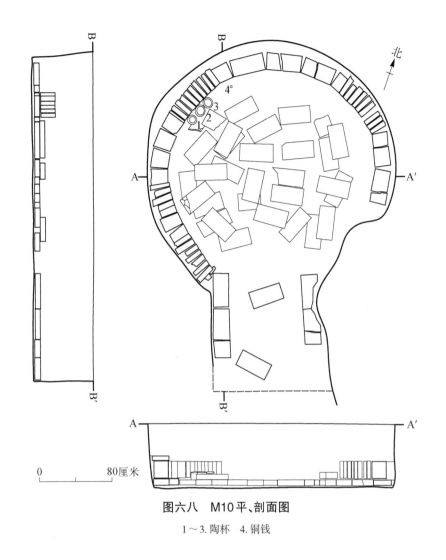

图六八　M10平、剖面图

1～3.陶杯　4.铜钱

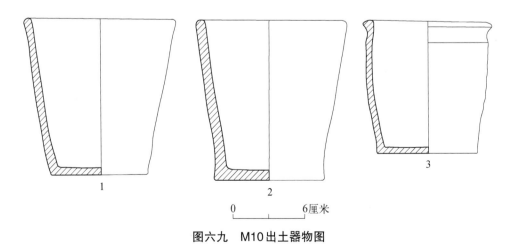

图六九　M10出土器物图

1～3.陶杯（M10：1、M10：2、M10：3）

痕。口径10.6、底径8.2、高10.4厘米（图六九,3；彩版五一,4）。

　　铜钱　1枚。M10：4,范铸,正面铸"天禧通宝"四字,背面无字,楷书,旋读,圆形方穿。圆长2.6、方穿0.6厘米（图七〇）。

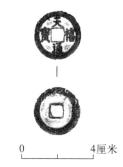

0　　　4厘米

图七〇　M10出土铜钱拓片

天禧通宝（M10：4）

（三）M11

1. 墓葬形制与结构

　　M11开口于③层下,向下打破生土,方向195°。甲字形竖穴土圹砖室墓,墓口距地表0.7米,墓圹长5.98、宽2.58、深0.5米。该墓由墓道、墓室组成。

　　墓道：竖穴式,平面呈长方形,长1.4、宽1.14、深0.5米。

　　墓室：平面呈圆形,长2.58米。墓室西侧被一现代坑打破,破坏严重,周壁砖墙无存,棺床仅残一层,残高0.14米,用砖规格：36厘米×18厘米×6厘米（图七一；彩版五二）。

2. 随葬品

　　陶盆　3件。

　　M11：1,轮制,泥质灰陶,盘口,圆唇,平沿,沿上周缘饰两圈凹旋纹,斜弧腹,平底,内底饰一圈凸旋纹,弦纹中间有一凸起点,底部有刮痕。口径13.3、底径5.8、高2.8厘米（图七二,6；彩版五三,1）。

　　M11：2,轮制,泥质灰陶,敞口,尖圆唇,平沿,弧腹,平底,口沿周缘饰一圈凹弦纹,内底饰莲花纹和一圈凸旋纹。口径11.3、底径3.1、高2.8厘米（图七二,1；彩版五三,2）。

　　M11：3,轮制,泥质灰陶,敞口,圆唇,弧腹下收,平底,底部有明显刮痕。口径8.5、底径3.6、高4.2厘米（图七二,3；彩版五三,3）。

　　陶罐　2件。

　　M11：4,轮制,泥质灰陶,敞口外撇,矮颈,弧腹,平底,罐身有明显的修坯旋痕,底部也有明显刮痕。口径6.7、底径3.7、高5.4厘米（图七二,4；彩版五三,4）。

　　M11：6,轮制,泥质灰陶,敞口,圆唇,短颈,鼓腹,平底,通体素面。口径9.4、底径4.6、高8.4厘米（图七二,5；彩版五三,6）。

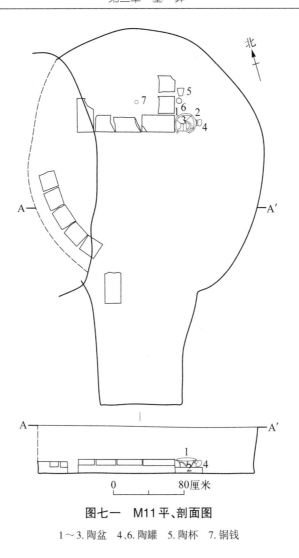

图七一　M11平、剖面图

1～3.陶盆　4、6.陶罐　5.陶杯　7.铜钱

陶杯　1件。M11：5，轮制，泥质灰陶，敞口，深直腹，平底，罐身有明显的修坯旋痕，底部也有明显刮痕，通体素面。口径11.4、底径8.4、高13厘米（图七二，2；彩版五三，5）。

铜钱　2枚。

"天圣元宝"铜钱，1枚。M11：7-1，范铸，正面铸"天圣元宝"四字，背面无字，楷书，旋读，圆形方穿。圆长2.5、方穿0.7厘米（图七三，2）。

"元丰通宝"铜钱，1枚。M11：7-2，范铸，正面铸"元丰通宝"四字，背面无字，篆书，旋读，圆形方穿。圆长2.5、方穿0.6厘米（图七三，1）。

（四）M13

1.墓葬形制与结构

M13开口于③层下，向下打破生土，方向196°。甲字形竖穴土圹砖室墓，墓口距地表0.8米，墓圹南北长5.73、东西宽3.32、深0.48米。该墓由墓道、墓门、墓室组成。

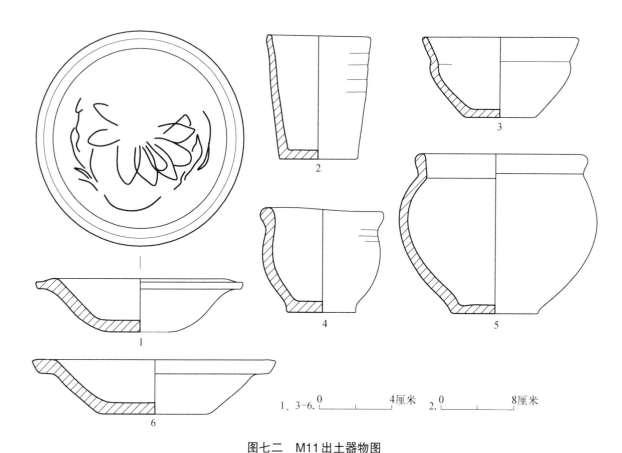

图七二　M11出土器物图

1、3、6.陶盆（M11：2、M11：3、M11：1）　2.陶杯（M11：5）　4、5.陶罐（M11：4、M11：6）

图七三　M11出土铜钱拓片

1.元丰通宝（M11：7-1）　2.天圣元宝（M11：7-2）

　　墓道：竖穴式，平面呈矩形，长2.12、宽1.6、深0.42米。

　　墓门：损毁严重，形制不详，门道宽0.44、深0.42米。封门尚存部分封门砖，残高0.48米。

　　墓室：平面呈圆形，破坏严重，周壁砖墙仅残存底部一层砖。墓葬墙体、封门、棺床等用砖规格一致，均为：36厘米×18厘米×6厘米（图七四；彩版五四）。

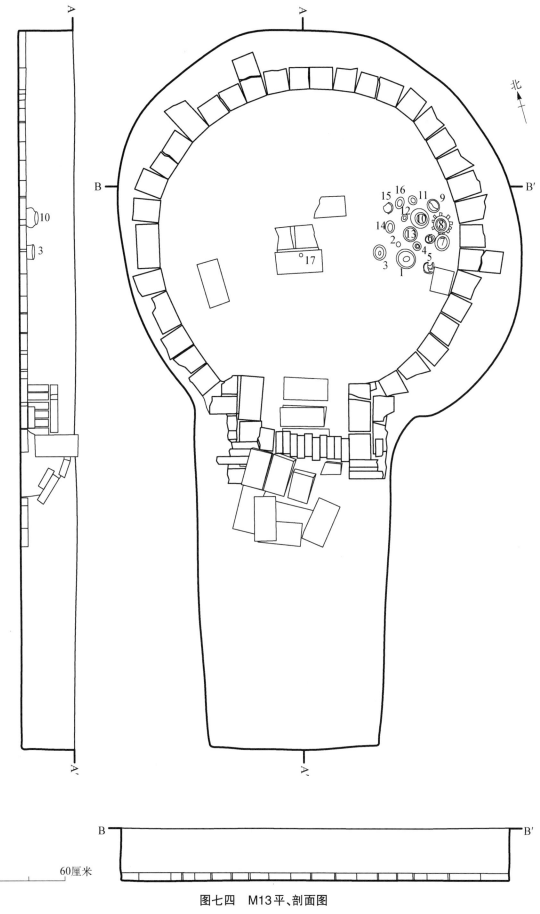

图七四　M13平、剖面图

1.陶甑　2.陶熨斗　3、5、14.陶杯　4、10、11、15.陶罐　6、9.陶三足盘　7.陶盘　8.陶釜　12.陶盏　13、16.陶盆　17.铜钱

2. 随葬品

陶甑　1件。M13：1，轮制，泥质灰陶，敞口，圆唇，斜弧腹，平底，底穿孔，外腹饰数道凹旋纹。口径17.4、底径6.7、高6.3厘米（图七五，16；彩版五五，1）。

陶熨斗　1件，M13：2，轮制，泥质灰陶，敞口，圆唇，折弧腹，小平底，口沿处有一锥形手柄。口径6.2、底径3.8、柄长3、通高2.7厘米（图七五，4；彩版五五，2）。

陶杯　3件。

M13：3，轮制，泥质灰陶，敞口，方唇，直腹，平底，内外为素面。口径9.8、底径4.9、高6厘米（图七五，10；彩版五五，3）。

M13：5，轮制，泥质灰陶，敞口，圆唇，斜腹，小平底，通体素面。口径9.9、底径4.6、高6.3厘米（图七五，11；彩版五五，5）。

M13：14，轮制，泥质灰陶，敞口，圆唇，斜腹，平底，底部有刮痕，通体素面。口径9.2、底径4.5、高5.3厘米（图七五，15；彩版五七，2）。

陶罐　4件。

M13：4，轮制，泥质灰陶，敞口，圆唇，短颈，溜肩，弧腹，平底。口径4.9、腹径5.3、底径2.2、高3.8厘米（图七五，1；彩版五五，4）。

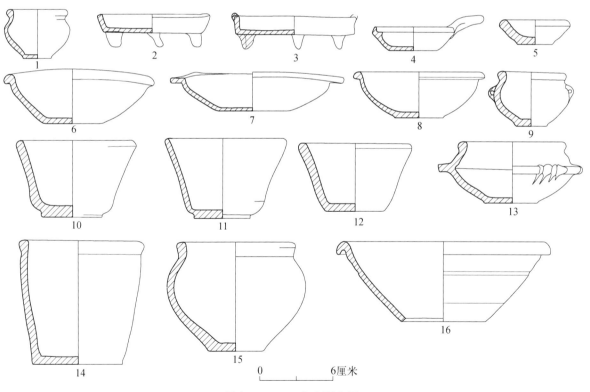

图七五　M13出土器物图

1、9、14、15.陶罐（M13：4、M13：11、M13：15、M13：10）　2、3.陶三足盘（M13：6、M13：9）　4.陶熨斗（M13：2）
5.陶盏（M13：12）　6、8.陶盆（M13：13、M13：16）　7.陶盘（M13：7）　10～12.陶杯（M13：3、M13：5、M13：14）
13.陶釜（M13：8）　16.陶甑（M13：1）

M13：10，轮制，泥质灰陶，敞口，圆唇，短颈，丰肩，鼓腹，平底，通体素面。口径9.7、腹径11.4、底径4.4、高8.6厘米（图七五，15；彩版五六，4）。

M13：11，轮制，泥质灰陶，敞口，圆唇，短颈，溜肩，鼓腹下收，平底，肩承双耳，通体素面。口径5.5、腹径6.9、底径2.4、高4.2厘米（图七五，9；彩版五六，5）。

M13：15，轮制，泥质灰陶，敞口，方圆唇，深直腹，平底，底部有明显刮痕，通体素面。口径10.2、底径7.3、高9.8厘米（图七五，14；彩版五七，3）。

陶三足盘 2件。

M13：6，轮制，泥质灰陶，敞口，方唇，浅腹，平底，底承三足，内外为素面。口径8.7、底径7.9、足高1、通高2.5厘米（图七五，6；彩版五五，6）。

M13：9，轮制，泥质灰陶，盘口，圆唇，直腹，平底，底部有明显刮痕。口径9.9、底径9.5、足高1、通高2.8厘米（图七五，9；彩版五六，3）。

陶盘 1件。M13：7，轮制，泥质灰陶，盘口，尖唇，平沿，沿边有三组对称卷边，斜腹，平底，底部饰圆涡纹，内底周缘饰一圈凹旋纹，通体素面。口径14.2、底径5.4、高2.6～3厘米（图七五，7；彩版五六，1）。

陶釜 1件，M13：8，轮制，泥质灰陶，敞口，圆唇，短颈，折肩，弧腹，平底，腹部饰一圈齿纹。口径8.7、腹径11.7、底径4.2、高4.8厘米（图七五，13；彩版五六，2）。

陶盏 1件，M13：12，轮制，泥质灰陶，敞口，圆唇，斜腹，平底，通体素面。口径4.7、底径2.6、高1.9厘米（图七五，5；彩版五六，6）。

陶盆 2件。

M13：13，轮制，泥质灰陶，敞口，圆唇，弧腹，平底，外部有明显的修坯痕迹，底部有明显的刮痕。口径12.2、底径4.4、高3.8～4.3厘米（图七五，6；彩版五七，1）。

M13：16，轮制，泥质灰陶，敞口，圆唇，卷沿，斜鼓腹，平底，通体素面。口径10.6、底径3.9、高3.6厘米（图七五，8；彩版五七，4）。

铜钱 1枚。M13：17，范铸，正面铸"圣宋元宝"，背面无字，行书，旋读，圆形方穿。圆长2.4、方穿0.6厘米（图七六）。

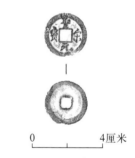

图七六 M13出土铜钱拓片
圣宋通宝（M13：17）

（五）M29

1. 墓葬形制与结构

M29西邻M30，开口于③层下，向下打破生土，方向199°。甲字形竖穴土圹砖室墓，墓口距地表0.8米，墓圹南北长5.98、东西宽4.12、深0.68米。墓砖规格：35厘米×18厘米×5.4厘米。该墓由墓道、甬道、墓室三部分组成。

墓道：竖穴式，平面呈长方形，长1.86、宽1.88、深0.67米。

甬道：平面呈长方形，宽0.66～0.7、进深1.14、残高0.14～0.21米。顶部残缺，两壁为顺砖平砌,残存底部2～3层。

墓室:平面呈圆形,内径2.18、残高0.61米。墓壁砌法为一丁一顺,残存2～5层砖。墓室西南角残存炭化物痕迹,以炭屑为主。棺床位于墓室北部,黄土夯筑,床面对缝平铺一层顺砖,立面由一层顺砖立砌而成,中部破坏严重,残长2.1、宽0.68、高0.46米。随葬品分置于棺床东西两侧,包括瓷罐、净瓶、盘、碗,陶桶、杯、盆、盘、簸箕、熨斗,铜镜以及铜钱等(图七七;彩版五八)。

2. 随葬品

瓷罐　1件。M29:1,轮制,带盖,圆柱形钮,盖口平直,盖外施酱釉,盖口未施釉,敞口外折,圆唇,短颈,折肩,直腹内收,圈足,平底,内外施满酱釉。盖径4.1、高1.9厘米。罐口径4.2、腹径5.8、底径3.2、高7.9厘米,通高9.5厘米(图七八,7;彩版五九,1)。

白瓷净瓶　1件。M29:2,轮制,直口,圆唇,长颈,溜肩,弧腹内收,圈足,平底,露胎,乳突。口沿有两圈凸弦纹,颈中部突出一圆盘宽棱,肩部置有一流,无柄。口径0.8、腹径4.5、底径3、流长1.4、高12.8厘米(图七八,6;彩版五九,2)。

白瓷盘　2件。

M29:3,轮制,盘口,平沿外折,尖圆唇,浅弧腹,圈足,平底乳突,盘内施满釉,盘外施半釉,足底露粗胎。口径14.9、底径5.5、高3.3厘米(图七八,3;彩版五九,3)。

M29:4,轮制,盘口,平沿外折,浅腹,圈足,乳突,口沿处饰一圈,内腹部饰一圈弦纹,盘内施满釉,盘外施半釉,露粗胎。口径14.2、底径5.1、高3.2厘米(图七八,1;彩版五九,4)。

陶桶　2件。

M29:5,轮制,泥质灰陶,敞口,圆唇,圆弧腹,圜底,口沿处有一提手,桶身饰柳条纹。口径6、腹径7.7、通高7.8厘米(图七八,4;彩版五九,5)。

M29:14,轮制,泥质灰陶。敞口,圆唇,圆弧腹,圜底,口沿处有一提手,桶身饰柳条纹。口径6.1、腹径7.7、残高6.8厘米(图七八,5)。

陶盆　1件。M29:6,轮制,泥质灰陶,敞口,平沿,圆唇,斜弧腹,平底。口径16.4、底径7.4、高5.9厘米(图七八,10;彩版五九,6)。

陶簸箕　1件。M29:7,模制,泥质灰陶,器口为铲形,内底下凹,内饰柳条纹。长13.6、宽11.4、高3.7厘米(图七八,8;彩版六〇,1)。

陶杯　2件。

M29:8,轮制,泥质灰陶,敞口,外撇,圆唇,深直腹,平底。口径11.6、底径6.4、高12.5厘米(图七八,11;彩版六〇,2)。

M29:13,轮制,泥质灰陶,敞口外撇,圆唇,深直腹,平底。口径11、底径7,高12.4厘米(图七八,12;彩版六〇,6)。

铜镜　1件。M29:9,范铸,圆钮,背面饰一圈乳钉纹,乳钉纹十字相交中间饰四只蝴蝶。直径10.5、厚0.5厘米(图七九)。

白瓷碗　1件。M29:10,轮制,敞口,尖圆唇,斜腹,平底,圈足,碗内施满釉,碗外施半釉,足底露粗胎。口径13.8、底径4.9、高4.3厘米(图七八,2;彩版六〇,3)。

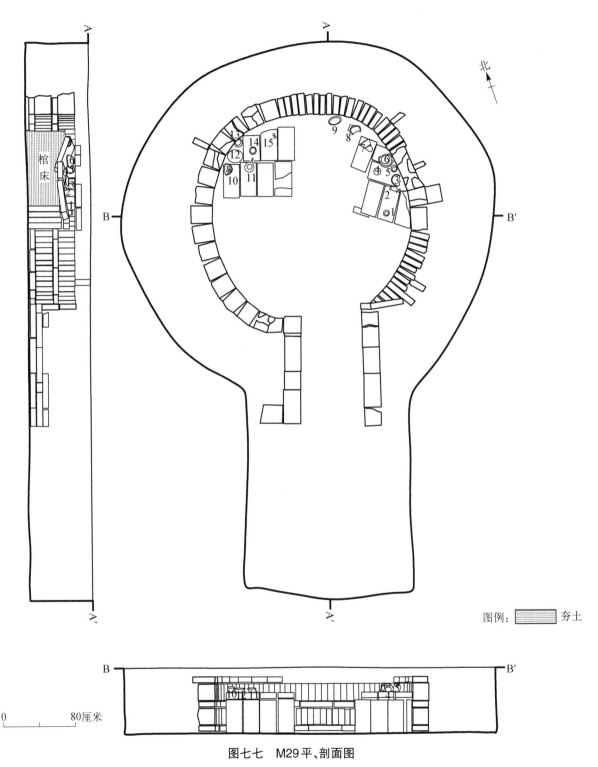

图七七 M29平、剖面图

1.瓷罐 2.白瓷净瓶 3、4.白瓷盘 5、14.陶桶 6.陶盆 7.陶簸箕 8、13.陶杯 9.铜镜
10.白瓷碗 11.陶熨斗 12.陶盘 15.铜钱

陶熨斗　1件。M29：11，轮制，泥质灰陶，敞口，圆唇，折弧腹，小平底，口沿处有一锥形手柄。长12.7、底径5.9、高5.4厘米（图七八，9；彩版六〇，4）。

陶盘　1件。M29：12，轮制，泥质灰陶，敞口，平沿，浅直腹，平底，口沿饰锯齿纹。口径14、底径9.6、高3.2厘米（图七八，13；彩版六〇，5）。

铜钱　8枚。

"开元通宝"1枚。M29：15-1，范铸，正面铸"开元通宝"四字，楷书，对读，背面无字，圆形方

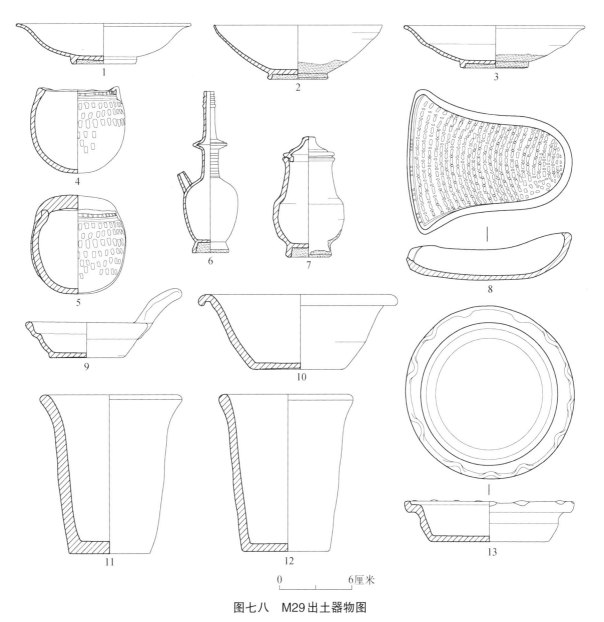

0　　　　　6厘米

图七八　M29出土器物图

1、3. 白瓷盘（M29：4、M29：3）　2. 白瓷碗（M29：10）　4、5. 陶桶（M29：5、M29：14）　6. 白瓷净瓶（M29：2）
7. 瓷罐（M29：1）　8. 陶簸箕（M29：7）　9. 陶熨斗（M29：11）　10. 陶盆（M29：6）　11、12. 陶杯（M29：8、M29：13）
13. 陶盘（M29：12）

穿。圆长2.5、方穿0.6厘米（图八〇,1）。

"天圣元宝"1枚。M29：15-2,范铸,正面铸"天圣元宝"四字,楷书,旋读,背面无字,圆形方穿。圆长2.4、方穿0.7厘米（图八〇,2）。

"绍圣元宝"1枚。M29：15-3,范铸,正面铸"绍圣元宝"四字,行书,旋读,背面无字,圆形方穿。圆长2.4、方穿0.7厘米（图八〇,3）。

"咸平元宝"1枚。M29：15-4,范铸,正面铸"咸平元宝"四字,楷书,对读,背面无字,圆形方穿。圆长2.5、方穿0.5厘米（图八〇,4）。

"熙宁元宝"1枚。M29：15-5,范铸,正面铸"熙宁元宝"四字,楷书,旋读,背面无字,圆形方穿。圆长2.4、方穿0.6厘米（图八〇,5）。

"元丰通宝"1枚。M29：15-6,范铸,正面铸"元丰通宝"四字,篆书,旋读,背面无字,圆形方穿。圆长2.4、方穿0.7厘米（图八〇,6）。

"绍圣元宝"1枚。M29：15-7,范铸,正面铸"绍圣元宝"四字,篆书,旋读,背面无字,圆形方穿。圆长2.4、方穿0.5厘米（图八〇,7）。

"天禧通宝"1枚。M29：15-8,范铸,正面铸"天禧通宝"四字,楷书,旋读,背面无字,圆形方穿。圆长2.5、方穿0.36厘米（图八〇,8）。

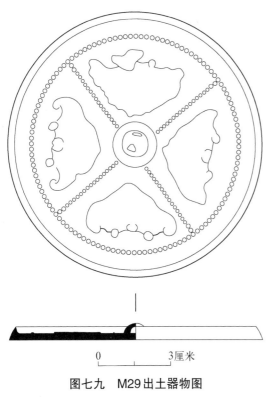

0   3厘米

图七九　M29出土器物图

铜镜（M29：9）

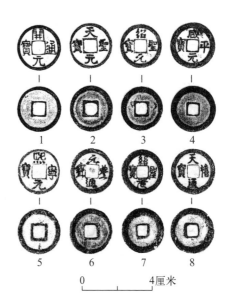

0   4厘米

图八〇　M29出土铜钱拓片

1. 开元通宝（M29：15-1）　2. 天圣元宝（M29：15-2）
3. 绍圣元宝（M29：15-3）　4. 咸平元宝（M29：15-4）
5. 熙宁元宝（M29：15-5）　6. 元丰通宝（M29：15-6）
7. 绍圣元宝（M29：15-7）　8. 天禧通宝（M29：15-8）

（六）M30

1.墓葬形制与结构

M30东邻M29，开口于③层下，向下打破生土，方向202°。甲字形竖穴土圹砖室墓，墓口距地表0.82米，墓圹南北长5.02、东西宽3.15、深0.61米。墓砖规格：35厘米×18厘米×6厘米。该墓由墓道、甬道、墓室三部分组成。

墓道　竖穴式，平面呈梯形，长1.15、宽1.23～1.4、深0.56米。

甬道　平面呈长方形，宽0.68、进深1.06、高0.06～0.27米。顶部残缺，两壁为顺砖平砌砌筑，残存底部1～4层。

墓室　平面呈圆形，内径2.3、残高0.47米。墓壁砌法为一丁一顺，残存1～5层。墓室内东南角残存炭化物痕迹，以炭屑为主。棺床位于墓室偏北部，中部破坏严重，残长2.27、残宽0.9、高0.2米。黄土夯筑，床面南侧横向平铺一层顺砖为床沿，北部对缝平铺一层纵向顺砖。立面横砌三层顺砖。棺床上发现少量墓主人烧骨。随葬品主要发现于棺床东西两侧，包括瓷盘、杯、器盖、净瓶、陶簸箕、盘、盆、三足盘、熨斗、桶、勺及铜钱等，另在棺床南侧地面上发现少量随葬品，有瓷碗、盘，陶釜、罐、三足盘、甑等（图八一；彩版六一，六二，1）。

2.随葬品

白瓷碗　2件。

M30∶1，轮制，敞口，尖圆唇，斜弧腹，圈足，平底乳突，碗内施满釉，碗外施半釉，露胎。口径13.6、底径5.1、高3.8厘米（图八二，1；彩版六二，2）。

M30∶2，轮制，敞口，尖圆唇，斜弧腹，圈足，平底乳突，碗内施满釉，碗外施半釉，露胎，露胎处饰红色彩绘。口径13.9、底径5.2、高4.2厘米（图八二，2；彩版六二，3）。

白瓷盘　2件。

M30∶3，轮制，盘口，口沿呈花瓣状，浅腹，圈足，平底乳突，盘内施满釉，盘外施半釉，露胎。口径14.4、底径5.9、高3厘米（图八二，5；彩版六三，1）。

M30∶15，轮制，盘口，平沿外折，浅腹，圈足，平底乳突，口沿处饰一圈，内腹部饰一圈弦纹，盘内施满釉，盘外施半釉，露粗胎。口径14.7、底径5.5、高3.2厘米（图八二，4；彩版六五，1）。

陶釜　1件。M30∶4，轮制，泥质灰陶，侈口，折腹斜收，腹部饰齿纹，平底。口径7.4、腹径12.8、底径6.1、高7.2厘米（图八二17；彩版六三，2）。

陶罐　1件。M30∶5，轮制，泥质灰陶，敞口，圆唇，短颈，圆鼓腹下收，平底乳突。口径10.3、腹径14.6、底径6.1、高12.3厘米（图八二，19；彩版六三，3）。

陶三足盘　2件。

M30∶6，轮制，泥质灰陶，敞口，圆唇，浅腹，平底，底承三足，口沿处承双耳。口径12.8、底径6.2、足高1.5、通高5.2厘米（图八二，12；彩版六三，4）。

M30∶10，轮制，泥质灰陶，敞口，平沿，浅腹，平底，底承三足。口径12.2、底径7.2、足高1.6、通高3.9厘米（图八二，14；彩版六四，2）。

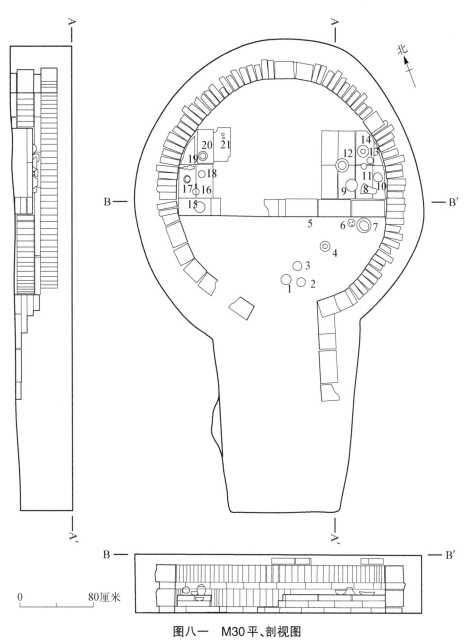

图八一 M30平、剖视图

1、2. 白瓷碗　3、15. 白瓷盘　4. 陶釜　5. 陶罐　6、10. 陶三足盘　7. 陶甑　8. 陶簸箕　9、12、14. 陶盆
11. 陶熨斗　13、20. 陶桶　16. 陶勺　17. 瓷杯　18. 白瓷盖　19. 白瓷净瓶　21. 铜钱

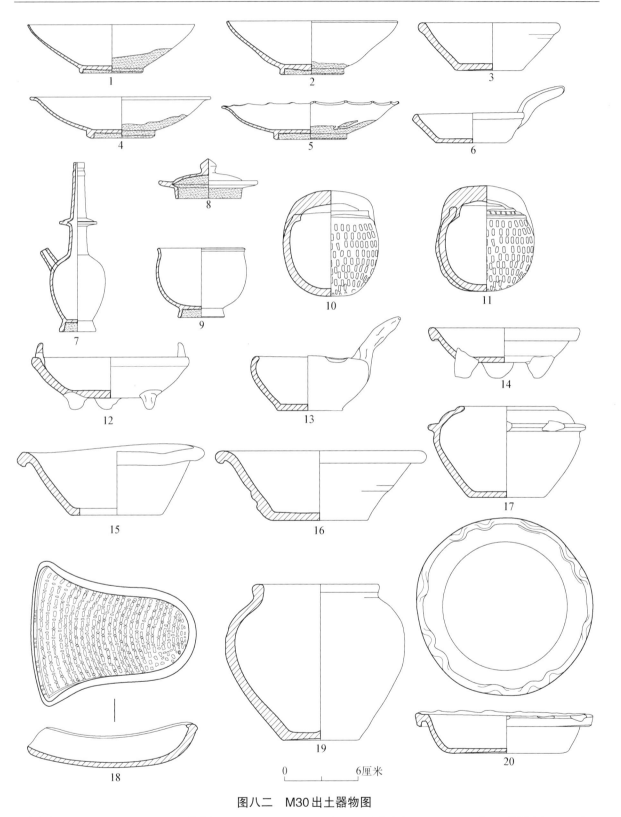

图八二　M30出土器物图

1、2.白瓷碗（M30：1、M30：2）　3、16、20.陶盆（M30：12、M30：9、M30：14）　4、5.白瓷盘（M30：3、M30：15）　6.陶熨斗（M30：11）　7.白瓷净瓶（M30：19）　8.白瓷盖（M30：18）　9.瓷杯（M30：17）　10、11.陶桶（M30：13、M30：20）　12、14.陶三足盘（M30：6、M30：10）　13.陶勺（M30：16）　15.陶甑（M30：7）　17.陶釜（M30：4）　18.陶簸箕（M30：8）　19.陶罐（M30：5）

陶甑 1件。M30：7，轮制，泥质灰陶，敞口，平沿，圆唇，斜弧腹，平底，底穿孔。口径15.3、底径7.2、穿径6.2、高4.9～5.6厘米（图八二，15；彩版六三，5）。

陶簸箕 1件。M30：8，模制，泥质灰陶，器口为铲形，内底下凹，内饰柳条纹。长13.6、宽11.4、高3.5厘米（图八二，18；彩版六三，6）。

陶盆 3件。

M30：9，轮制，泥质灰陶，敞口，平沿，圆唇，斜弧腹，平底。口径17.2、底径7.7、高5.5厘米（图八二，16；彩版六四，1）。

M30：12，轮制，泥质灰陶，敞口，圆唇，斜腹下收，平底，盆内饰旋纹，底部弦纹。口径11.5、底径5、高3.6厘米（图八二，3；彩版六四，4）。

M30：14，轮制，泥质灰陶，敞口，平沿，浅弧腹，平底内凹，口沿饰锯齿纹。口径14.4、底径8.9、高3.3厘米（图八二，20；彩版六四，6）。

陶熨斗 1件。M30：11，轮制，泥质灰陶，敞口，圆唇，折弧腹，小平底，口沿处有一锥形手柄。长12.3、宽9、高4.5厘米（图八二，6；彩版六四，3）。

陶桶 2件。

M30：13，手制，泥质灰陶，敞口，圆唇，圆弧腹，圜底，口沿处饰有一提手，桶身饰柳条纹。口径6.1、腹径7.7、通高8.3厘米（图八二，10；彩版六四，5）。

M30：20，手制，泥质灰陶，敞口，圆唇，圆弧腹，圜底，口沿处饰有一提手，桶身饰柳条纹。口径5.7、腹径7.9、高8.3厘米（图八二，11；彩版六五，6）。

陶勺 1件。M30：16，轮制，泥质灰陶，侈口，圆唇内收，弧腹下收，平底，口沿处有一锥形手柄和流。长12.1、宽9.4、底径5.3、柄长4.5、通高7.4厘米（图八二，13；彩版六五，2）。

瓷杯 1件。M30：17，轮制，圆口，尖圆唇，弧腹，圈足，平底乳突，碗内外施酱釉色，底部未施釉。口径7.2、底径3.8、高5.5厘米（图八二，9；彩版六五，3）。

白瓷盖 1件。M30：18，轮制，塔形钮，盖口平直，盖外施满釉，盖口未施釉。盖径8.4、盖口径5.3、高3.1厘米（图八二，8；彩版六五，4）。

白瓷净瓶 1件。M30：19，轮制，长颈，溜肩，弧腹内收，圈足，平底，露胎，平底乳突，口沿有四圈凸弦纹，颈中部突出一圆盘宽棱，下颈部有弦纹，肩腹间置有一流，无柄。口径0.8、腹径4.4、底径2.9、流长1.4、高13.3厘米（图八二，7；彩版六五，5）。

铜钱 2枚。

"开元通宝"1枚。M30：21-1，范铸，正面铸"开元通宝"四字，楷书，对读，背面无字，圆形方穿。圆长2.6、方穿0.7厘米（图八三，1）。

"景祐元宝"1枚。M30：21-2，范铸，正面铸"景祐元宝"四字，篆书，旋读，背面无字，圆形方穿。圆长2.6、方长0.7厘米（图八三，2）。

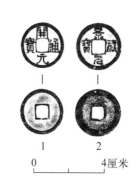

图八三 M30出土铜钱拓片

1. 开元通宝（M30：21-1）
2. 景祐元宝（M30：21-2）

（七）M32

1. 墓葬形制与结构

M32 开口于③层下，向下打破生土，方向 86°。竖穴土圹砖室火葬墓，墓口距地表 0.7 米，墓圹平面呈长方形，东西长 1.98、南北宽 1.64、深 0.54 米。墓室破坏严重，顶部无存，仅存周壁底部（图八四；彩版六六）。

2. 随葬品

该墓未发现随葬品。

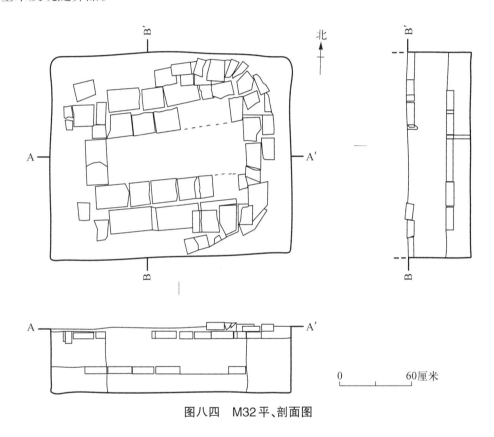

图八四　M32 平、剖面图

（八）M33

1. 墓葬形制与结构

M33 开口于③层下，向下打破 H16 和生土，方向 258°。甲字形竖穴土圹墓，墓圹长 2.71、宽 1.42、深 0.1 米。该墓破坏较严重，仅残存底部。该墓由墓道、墓室组成。

墓道：竖穴式，平面呈长方形，残长 0.8、宽 0.74 米。

墓室：平面呈长方形，长 2、宽 1.44 米（图八五；彩版六七）。

2. 随葬品

该墓未发现随葬品。

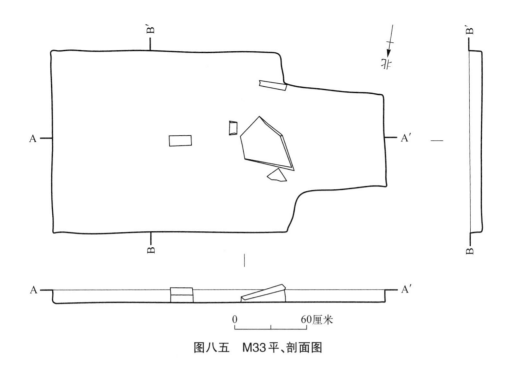

图八五　M33平、剖面图

（九）M34

1. 墓葬形制与结构

M34南邻M35，开口于③层下，向下打破生土，方向165°。甲字形竖穴土圹砖室墓，墓口距地表0.65米，墓圹总长5.82、宽3.64、深0.9米。四壁较整齐，内填深褐色五花土，土质较疏松。该墓由墓道、墓门、甬道、墓室四部分组成。

墓道：斜坡式，平面呈梯形，长2.14、宽1.54～2、深0.9米，坡长0.94米。

墓门：破坏严重，形制不详，两侧采用平卧一砖再侧立一砖交替砌筑，仅存2层。封门呈"人"字形砌筑而成，墓门长0.44、宽1.96～2、残高0.34～0.9米。

甬道：平面呈长方形，长0.56、宽2、高0.46米，仅存3层。采用平卧一砖再侧立一砖交替砌筑，墓砖规格：38厘米×16厘米×6厘米。

墓室：平面呈圆形，破坏严重，周壁仅存1层砖，错缝平铺，直径3.4米。墓室底部采用条形砖对缝平铺，棺床情况不明（图八六；彩版六八，1）。

2. 随葬品

鸡腿瓶　1件。M34：1，轮制，陶质缸胎，体似橄榄形，略变形，直口，平沿，短束颈，溜肩，微弧腹，平底，通体为豆绿色，有明显的修坯旋痕。口径3.6、腹径6.8、底径3.2、高22.6厘米（图八七，1；彩版六八，2）。

铜钵　1件。M34：2，铜质，范铸，侈口，方唇，圆弧腹，平底。口径9.6、腹径10.4、底径7、高5.2厘米（图八七，2；彩版六八，3）。

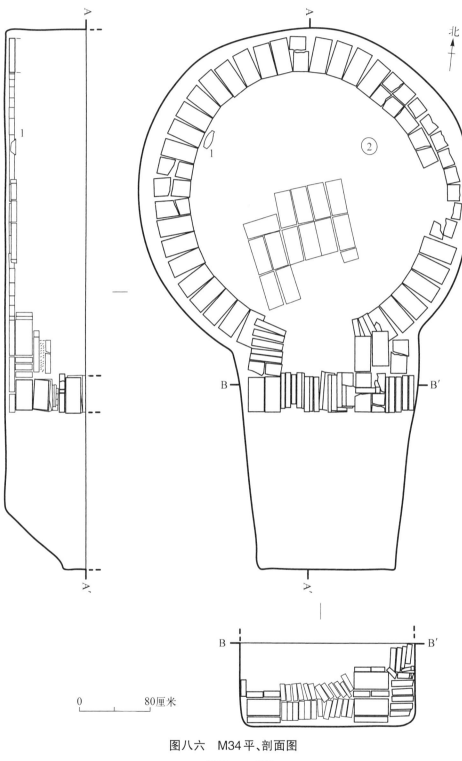

图八六　M34平、剖面图

1. 鸡腿瓶　2. 铜钵

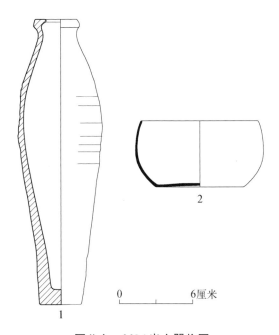

图八七 M34 出土器物图

1. 鸡腿瓶（M34：3） 2. 铜钵（M34：2）

（十）M35

1. 墓葬形制与结构

M35北邻M34，开口于③层下，向下打破生土，方向165°。甲字形竖穴土圹砖室墓，墓口距地表0.7米，墓圹总长5.02、宽3.48、深0.6米。四壁较整齐，内填深褐色五花土，土质较疏松。M35由墓道、甬道、墓室三部分组成。

墓道：斜坡式，平面呈长方形，长1.02、宽1.2、深0.14～0.6米，坡长1.1米。

甬道：仅存底部1层砖，两侧砖墙由条形砖平铺而成，长0.78、宽1.2～1.18、高0.06～0.6米，用砖规格：38厘米×16厘米×6厘米。

墓室：平面呈圆形，周壁采用半截条形砖对缝平铺围砌而成，破坏严重，仅存1层，用砖规格：37厘米×16厘米×6厘米（图八八；彩版六九，1）。

2. 随葬品

陶罐 1件。M35：1，轮制，泥质灰陶，敞口，方圆唇，短颈，弧腹，平底。口径11.4、底径7.9、高12厘米（图八九，1；彩版六九，2）。

陶碗 1件。M35：2，轮制，泥质灰陶，敞口，圆唇，斜弧腹，平底，内底及腹部饰圆涡纹，外底部有明显的刮痕。口径16.4、底径8、高5.6厘米（图八九，2；彩版六九，2）。

瓷碗 1件。M35：3，轮制，敞口，圆唇，弧腹下收，圈足平底，碗内外饰满釉，露胎，口沿有四处削痕，内底见涩圈叠烧痕。口径8.1、底径3.3、高2.9厘米（图八九，3；彩版六九，3）。

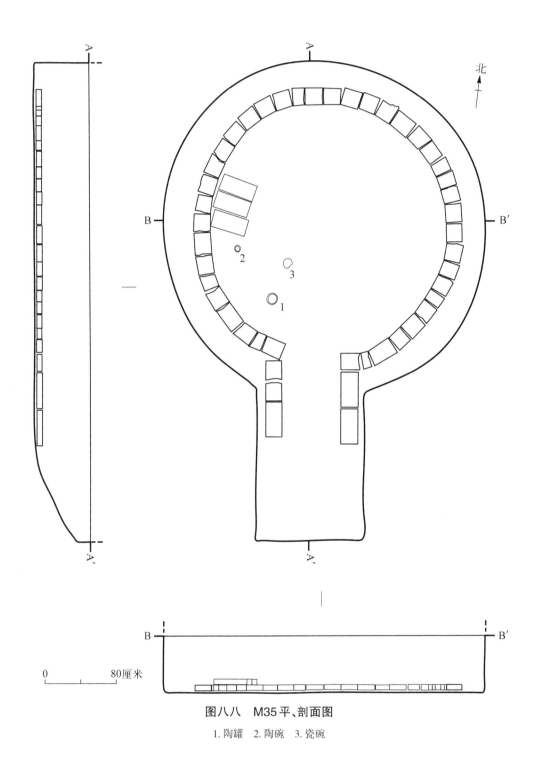

图八八　M35平、剖面图

1.陶罐　2.陶碗　3.瓷碗

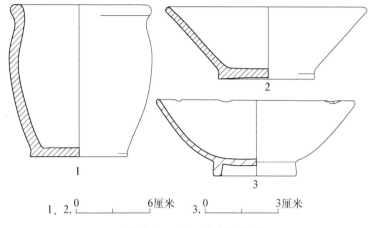

图八九　M35 出土器物图

1. 陶罐（M35∶1）　2. 陶碗（M35∶2）　3. 瓷碗（M35∶3）

（十一）M38

1. 墓葬形制与结构

M38 开口于③层下，向下打破生土，方向 78°。长方形竖穴土圹砖室墓，墓口距地表 0.7 米，墓圹长 1.98、宽 1.16～1.28、深 0.52 米。墓室平面呈长方形，四壁墙体砌法为错缝平铺，顶部已破坏，形制不详。墓底有 1 层铺地砖，砖上有少量墓主人烧骨。砖长 36、宽 18 厘米（图九〇；彩版七〇）。

2. 随葬品

该墓内未发现随葬品。

（十二）M42

1. 墓葬形制与结构

M42 开口于③层下，向下打破生土，方向 200°。甲字形竖穴土圹砖室墓，墓口距地表 0.9 米，墓圹总长 2.38、宽 2.06、深 0.2 米。内填深褐色五花土，土质较疏松，内含碎砖块等。M42 由墓道、墓室两部分组成。

墓道：平面呈长方形，斜坡式，长 0.4、宽 0.9、深 0.16～0.2 米，坡长 0.4 米。

墓室：平面呈圆形，直径 2.06、深 0.2 米。墓室四壁破坏严重，仅存底部，东南角残存一块条形砖，平铺而砌（图九一；彩版七一）。

2. 随葬品

该墓内未发现随葬品。

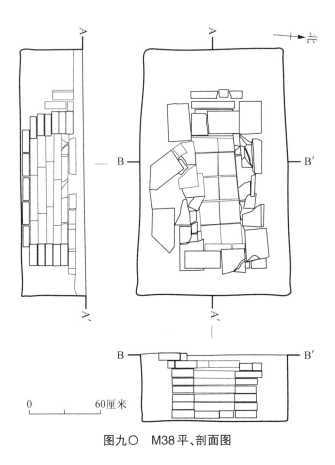

图九〇　M38平、剖面图

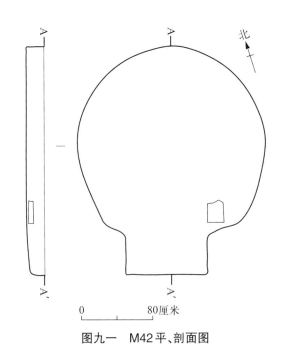

图九一　M42平、剖面图

（十三）M43

1. 墓葬形制与结构

M43西邻M44,开口于③层下,向下打破生土,方向170°。甲字形竖穴土圹砖室墓,墓口距地表1.2米,墓圹南北长3.84、东西宽2.95、深0.84米。该墓由墓道、墓门、墓室组成。

墓道:竖穴式,平面呈长方形,墓道长1.52、宽1.06、深0.48米。

墓门:破坏严重,形制未知,仅存门道,宽0.55、进深0.58米。

墓室:平面呈圆形,墓室南北长2.34、东西宽2.95、深0.84米。墓室周壁破坏严重,仅存底部2层砖,墙砌法为一丁一顺,墓室内北部设有棺床,独立式,破坏严重,仅存底部几块砖,用砖规格:36厘米×18厘米×6厘米。墓室内有少量墓主人烧骨(图九二;彩版七二)。

2. 随葬品

该墓内未发现随葬品。

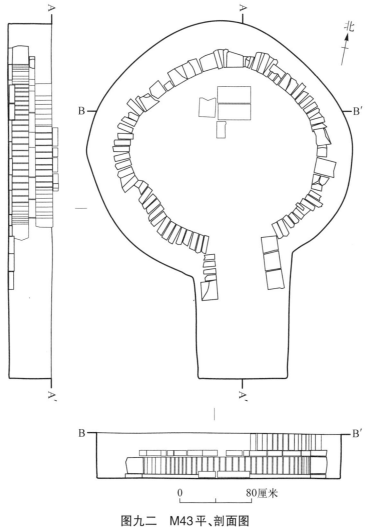

0　　　　　80厘米

图九二　M43平、剖面图

（十四）M44

1. 墓葬形制与结构

M44开口于③层下，向下打破生土，方向186°。甲字形竖穴土圹砖室墓，墓口距地表1.06米，墓圹南北长2.16、东西宽2、深0.8米。该墓由祭台、墓道、墓门、墓室组成。

祭台：位于墓道南1.9米处，由5块砖平铺而成，长0.96、宽0.36米。

墓道：斜坡式，平面呈长方形，墓道长1.14、宽1、深0.38～0.78米，坡长1.07米。

墓门：拱券式，两侧墙体采用一丁一顺砌法，券顶为一伏一券式。墓门宽0.9、残高1.14、进深0.6米，用砖规格：36厘米×18厘米×6厘米。封门用土封堵，夹杂有碎砖。

墓室：平面呈圆形，墓室南北长2.18、东西宽2、深0.8米。周壁砌法为一丁一顺，损毁严重，仅存中下部墙体。室内地面未铺砖，无棺床，未发现墓主人骨架，随葬品位于墓室西南部（图九三；彩版七三）。

2. 随葬品

陶剪　1件，M44：1，残。模制，泥质灰陶，剪身为"8"字形把，剪身前窄后宽，尖部呈圆锥形。长9.4、宽3.1、厚0.7厘米（图九四，15；彩版七四，1）。

陶甑　1件，M44：2，轮制，泥质灰陶，敞口、圆唇、平沿、弧腹、平底，底穿孔。口径13.3、底径4.6、高4.1厘米（图九四，13；彩版七四，2）。

陶罐　4件。

M44：3，轮制，泥质灰陶，敞口、圆唇、短颈、溜肩鼓腹、平底，底部有明显的刮痕。口径18.2、底径9、高19.6厘米（图九四，16；彩版七四，3）。

M44：4，轮制，泥质灰陶，敞口、圆唇、束颈、折肩、弧腹、平底，肩承单耳，通体素面。口径5、腹径6、底径3.3、高4.5厘米（图九四，14；彩版七四，4）。

M44：16，轮制，泥质灰陶，敞口、圆唇、溜肩、鼓腹、平底，底部饰旋纹。口径9.6、底径5.1、高9.6厘米（图九四，18；彩版七六，4）。

M44：22，轮制，泥质灰陶，敞口、圆唇、短颈、丰肩、鼓腹、平底，底部有明显刮痕。口径8.6、腹径12.4、底径4.9、高10.3厘米（图九四，17；彩版七七，4）。

陶釜　1件。M44：5，轮制，泥质灰陶，器形敦厚。敛口，弧腹，腹中平沿外展，呈齿状，平底。上腹周缘饰一圈凹旋纹。口径5.7、腹径9.7、底径4.1、高4.2厘米（图九四，2；彩版七四，5）。

陶器　1件。M44：6，轮制，泥质灰陶，直口、圆唇、束颈、颈部平沿外展，斜弧腹，平底，腹部中下有一圆形穿孔。口径6、腹径6.4、底径5.2、孔径2、高13.8厘米（图九四，5；彩版七四，6）。

陶熨斗　1件。M44：7，轮制，泥质灰陶，敞口、圆唇、折弧腹、小平底，口沿处有一锥形手柄和流。口径6.6、底径3.8、柄长2.6、高2.7厘米（图九四，8；彩版七五，1）。

陶盘　2件。

M44：8，轮制，泥质灰陶，盘口、方唇、平沿、浅腹、平底，通体素面。口径9.7、底径6.2、高1.4厘米（图九四，9；彩版七五，2）。

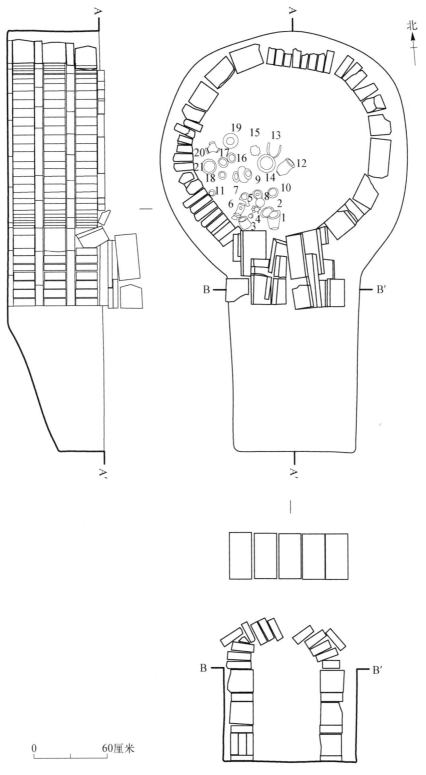

图九三 M44平、剖面图

1.陶剪 2.陶甑 3、4、16、22.陶罐 5.陶釜 6.陶器 7.陶熨斗 8、15.陶盘 9、10、19、20.陶碗 11、23.陶盏 12、13、21.陶杯 14.陶盆 17.陶勺 18.陶执壶

M44：15，轮制，泥质灰陶，敞口，圆唇，弧腹，平底，口呈葵花形，底部有刮痕。口径11、底径3.9、高3～3.9厘米（图九四，4；彩版七六，3）。

陶碗　4件。

M44：9，轮制，泥质灰陶，盘口，圆唇，斜腹，平底，底部有明显刮痕。口径8.9、底径4、高2.7厘米（图九四，10；彩版七五，3）。

M44：10，轮制，泥质灰陶，敞口，圆唇，斜弧腹，平底，底部有刮痕。口径9.9、底径3.9、高3.3厘米（图九四，11；彩版七五，4）。

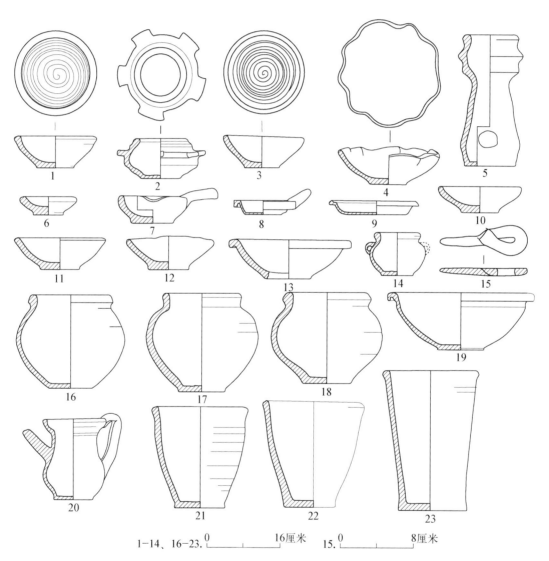

1-14、16-23. ├──0────────16厘米┤　　15. ├──0──────8厘米┤

图九四　M44出土器物图

1、3、10、11.陶碗（M44：20、M44：19、M44：9、M44：10）　2.陶釜（M44：5）　4、9.陶盘（M44：15、M44：8）

5.陶器（M44：6）　6、12.陶盏（M44：11、M44：23）　7.陶勺（M44：17）　8.陶熨斗（M44：7）　13.陶甑（M44：2）

14、16～18.陶罐（M44：4、M44：3、M44：22、M44：16）　15.陶剪（M44：1）　19.陶盆（M44：14）　20.陶执壶（M44：18）

21～23.陶杯（M44：12、M44：13、M44：21）

M44：19，轮制，泥质灰陶，侈口，圆唇，斜弧腹，平底，碗内周缘饰数道旋纹，底部有明显的刮痕。口径8.7、底径3.7、高3.1～3.4厘米（图九四，3；彩版七七，1）。

M44：20，轮制，泥质灰陶，敞口，圆唇，斜弧腹，平底，碗内由口及底饰圆涡纹。口径8.9、底径3.9、高3.3厘米（图九四，1；彩版七七，2）。

陶盏 2件。

M44：11，轮制，泥质灰陶，敞口，圆唇，斜腹，平底，盏身有明显的修坯旋痕，底部也有明显刮痕。口径6.1、底径3.2、高1.9厘米（图九四，6；彩版七五，5）。

M44：23，轮制，泥质灰陶，敞口，圆唇，斜腹，平底，底部有明显刮痕。口径9.7、底径4.2、高3.1～3.5厘米（图九四，12；彩版七七，5）。

陶杯 3件。

M44：12，轮制，泥质灰陶，敞口，方唇，深斜腹，平底，罐身有明显的修坯旋痕，底部也有明显刮痕。口径10.6、底径5.5、高10.6厘米（图九四，21；彩版七五，6）。

M44：13，轮制，泥质灰陶，敞口，圆唇，斜腹，平底，罐身内外有明显的修坯痕迹。口径11、底径5.4、高11.1厘米（图九四，22；彩版七六，1）。

M44：21，轮制，泥质灰陶，敞口，深直腹，平底，底部有明显的刮痕，通体素面。口径10.4、底径7.3、高14.7厘米（图九四，23；彩版七七，3）。

陶盆 1件。M44：14，轮制，泥质灰陶，盘口，方圆唇，束颈，鼓腹，弧收，小平底，底部有明显的刮痕，内外有修坯旋痕。口径15.9、底径5、高6厘米（图九四，19；彩版七六，2）。

陶勺 1件。M44：17，轮制，泥质灰陶，盘口，方唇，平沿，浅腹，平底，底部有明显刮痕，口沿处承一锥形手柄。口径7.5、底径4.5、柄长4.2、高2.8厘米（图九四，7；彩版七六，5）。

陶执壶 1件，M44：18，轮制，泥质灰陶，盘口，短束颈，溜肩，鼓腹下收，平底，扁圆柄接于口腹处，对称饰假长流。口径6.8、腹径4.1、流长3.3、通高9.1厘米（图九四，20；彩版七六，6）。

（十五）M45

1. 墓葬形制与结构

M45开口于③层下，向下打破生土，方向260°。长方形竖穴土圹砖室墓，墓口距地表0.5米，墓圹长1.8、宽1.4、深0.7米。墓圹东部砖砌墓室，周壁采用单层砖错缝平铺而成，叠涩顶，顶部保存较差，墓室长0.9、宽0.6、高0.5米，底部铺砖。墓室内未见葬具，仅存少量墓主人骨灰渣。墓室东北角出土2枚铜钱（图九五；彩版七八）。

2. 随葬品

铜钱 2枚。

"元丰通宝"铜钱1枚，M45：1，范铸，正面铸"元丰通宝"四字，篆书，旋读，背面无字，圆形方穿。圆长2.4、方穿0.6厘米（图九六，1）。

"开元通宝"铜钱1枚，M45：2，范铸，正面铸"开元通宝"四字，楷书，对读，背面无字，圆形方穿。圆长2.5、方穿0.6厘米（图九六，2）。

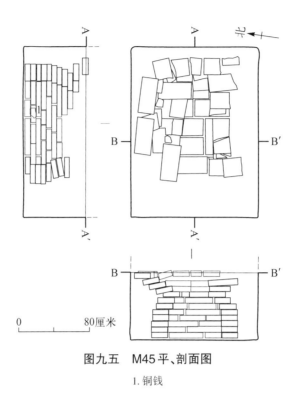

图九五　M45平、剖面图

1. 铜钱

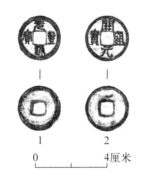

图九六　M45出土铜钱拓片

1. 元丰通宝（M45∶1-1）　2. 开元通宝（M45∶1-2）

（十六）M46

1. 墓葬形制与结构

M46开口于③层下，向下打破生土，方向90°。长方形竖穴土圹砖室墓，墓口距地表0.5米，墓圹长2.02、宽1.43、深0.52米。墓圹中部砖砌墓室，长1.32、宽0.73、深0.46米，墓室破坏严重，残留几块乱砖，用砖规格：38厘米×20厘米×6厘米。墓室南部出土1枚铜钱（图九七；彩版七九）。

2. 随葬品

铜钱　1枚。M46∶1，范铸，正面铸"元丰通宝"四字，行书，旋读，背面无字，圆形方穿。圆长2.5、方穿0.6厘米（图九八）。

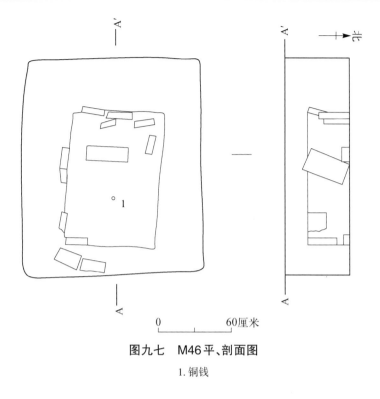

图九七　M46平、剖面图

1.铜钱

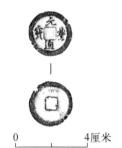

0　　　　　　4厘米

图九八　M46出土铜钱拓片

元丰通宝（M46：1）

（十七）M47

1.墓葬形制与结构

M47东邻M30，开口于③层下，向下打破生土，方向90°。长方形竖穴土圹砖室墓，墓口距地表0.72米，墓圹长1.54、宽1.28、深0.74米。墓室东西长1.56、南北宽1.28米。墓室周壁墙体砌法为错缝平铺，叠涩顶，底部铺地砖1层，用砖规格：36厘米×18厘米×6厘米。墓室内未发现棺木，墓室底部有少许墓主人烧骨（图九九；彩版八〇，1～3）。

2.随葬品

陶盆　2件。

M47：1，轮制，泥质灰陶，敞口微敛，口沿内壁中间周缘饰凹弦纹，圆方唇，矮颈，小折肩，斜腹，

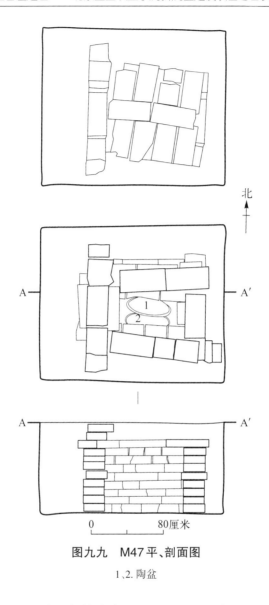

图九九　M47平、剖面图

1、2.陶盆

腹部饰两道弦纹，平底有明显刮痕，内外为素面。口径18.2、腹径19.4、底径11.4、高8.8厘米（图一○○，1；彩版八○，4）。

M47：2，轮制，泥质灰陶，敞口，沿面，微弧，圆方唇，斜腹，腹部周缘饰凹旋纹，盆内口至底部周缘饰数道弦纹，平底有明显刮痕。口径43.6、底径26、高11.2厘米（图一○○，2；彩版八○，5）。

（十八）M48

1.墓葬形制与结构

M48南邻M49，开口于③层下，向下打破生土，方向80°。长方形竖穴土圹砖室墓，墓口距地表0.8米，墓圹长2.43、宽1.4、深0.74米，四壁较整齐，内填花土。墓圹内砖砌墓室，墓室破坏一半，周壁墙体砖砌法为错缝平铺，残高0.64米，顶部破坏，结构不详。墓室内地面为铺地砖平铺一层，用砖规格：38厘米×18厘米×6厘米（图一○一；彩版八一）。

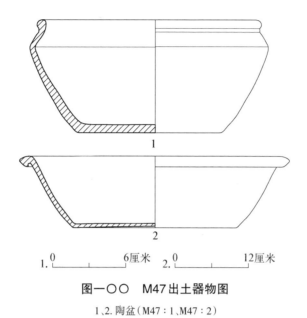

1.　0 _____ 6厘米　2.　0 _____ 12厘米

图一〇〇　M47出土器物图

1、2.陶盆（M47：1、M47：2）

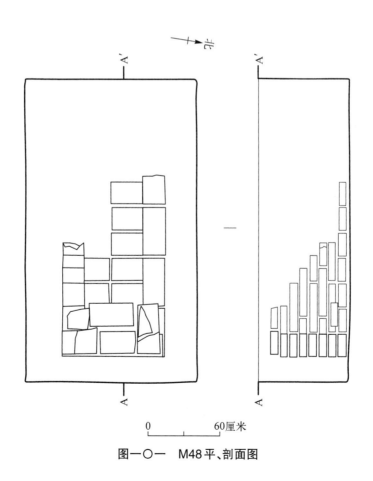

0 _____ 60厘米

图一〇一　M48平、剖面图

2. 随葬品

铜钱2枚,锈蚀严重,钱文无法辨认。

(十九) M49

1. 墓葬形制与结构

M49北邻M48,开口于③层下,向下打破生土,方向270°。长方形竖穴土圹砖室墓,墓口距地表0.8米,墓圹长2.54、宽1.83、深0.65米,四壁较整齐,内填花土,土质较疏松,包含较多的碎小砖块。墓圹底部砖砌墓室,仅存底部,破坏严重,周壁为平砖错缝砌筑,底部有铺地砖1层。墓室内放置小石棺一个,棺内存有墓主人烧骨(图一〇二;彩版八二)。

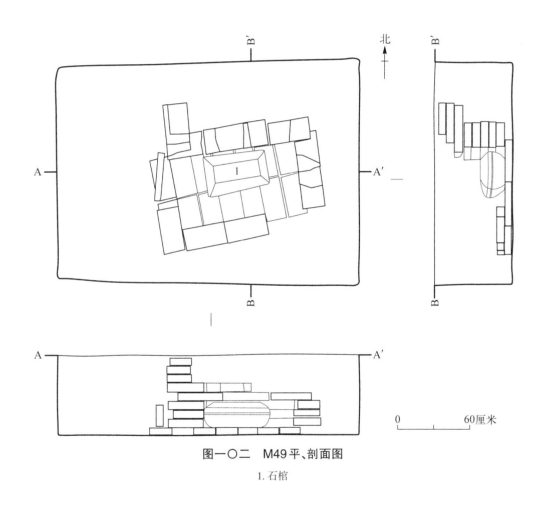

图一〇二　M49平、剖面图

1. 石棺

2. 随葬品

石棺　1件。M49:1　石质,由棺体和棺盖组成,整体呈梯形,棺体截面呈凹字形,直口,直腹平底。棺盖截面呈梯形,上小下大。棺长0.55、宽0.27～0.32、通高0.28～0.32米(图一〇三,1;彩版八三)

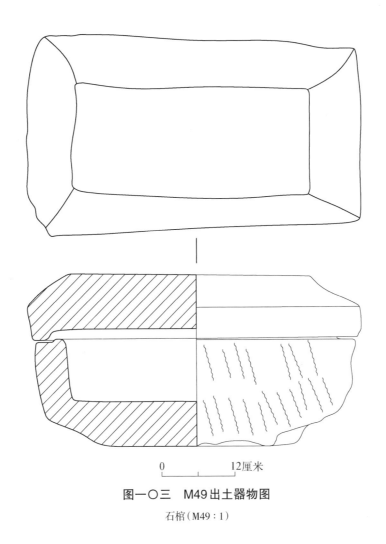

图一〇三 M49出土器物图

石棺（M49∶1）

（二十）M50

1. 墓葬形制与结构

M50开口于③层下，向下打破生土，方向0°。竖穴土圹圆形火葬墓，墓口距地表0.95米，直径1.18～1.22米，破坏严重，仅存底部，深0.2米，内填深褐色五花土，土质较疏松，包含颗粒状炭灰等。墓底西部尚存墓主人烧骨，东南部出土陶盆1件、瓷碗1件（残；图一〇四；彩版八四，1）。

2. 随葬品

陶盆 1件。M50∶1，轮制，泥质灰陶，敞口，沿面微弧，圆方唇，斜腹，平底，盆口沿外部饰数道旋纹，盆内口沿至底部饰数道弦纹，底部有明显的刮痕。口径37、底径22、高9.6厘米（图一〇五，2；彩版八四，2）。

瓷碗 1件。M50∶2，轮制，敞口，圆唇，弧腹下收，圈足，内底略下凹，通体饰白釉。口径23、底径7.2、高8.6厘米（图一〇五，1；彩版八四，3）。

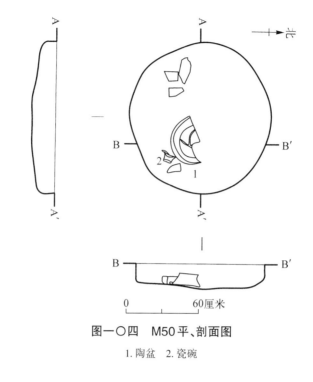

图一〇四　M50平、剖面图

1. 陶盆　2. 瓷碗

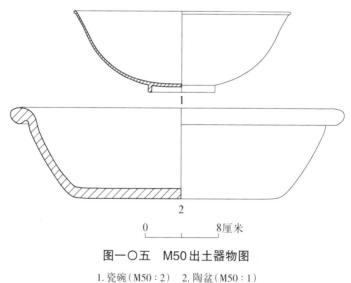

图一〇五　M50出土器物图

1. 瓷碗（M50：2）　2. 陶盆（M50：1）

（二十一）M51

1. 墓葬形制与结构

M51开口于③层下，向下打破生土，方向105°。长方形竖穴土圹砖室墓，墓口距地表0.5米，墓圹长1.3、宽1.2、深0.5米。底部砖砌墓室，周壁采用单层砖错缝平铺垒砌而成，叠涩顶，顶部采用三块条形砖横铺封顶。墓室底部为三块条形砖平铺而成，墓室内壁长0.52、宽0.38米。墓室底部尚存少量墓主人骨灰。用砖规格：38厘米×16厘米×6厘米（图一〇六；彩版八五）。

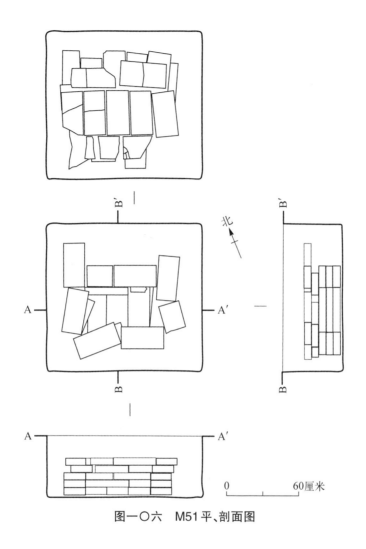

图一〇六　M51平、剖面图

2. 随葬品

该墓内未发现随葬品。

（二十二）M52

1. 墓葬形制与结构

M52开口于③层下，向下打破生土，方向184°。甲字形竖穴土圹砖室墓，墓口距地表0.76米，墓圹总长3.81、宽2.8、深0.58米。M52由墓道、墓室两部分组成。

墓道：斜坡式，平面呈梯形，长1.1、宽1.3～1.44、深0.44～0.58米，坡长0.92米。

墓室：平面呈圆形。四壁较整齐，内填深褐色五花土，土质较疏松。南北长2.66米，东西宽2.78、深0.58米。周壁采用条形砖垒砌而成，一丁一顺，墓室破坏严重，墙壁仅存底部3层。墓室内地面采用条形砖平铺而成，保存较差。墓室北部设有砖砌的棺床，采用条形砖错缝平砌而成，仅存2层，长0.8、宽1.16、高0.12米。棺床与墓室北壁连在一起（图一〇七；彩版八六）。

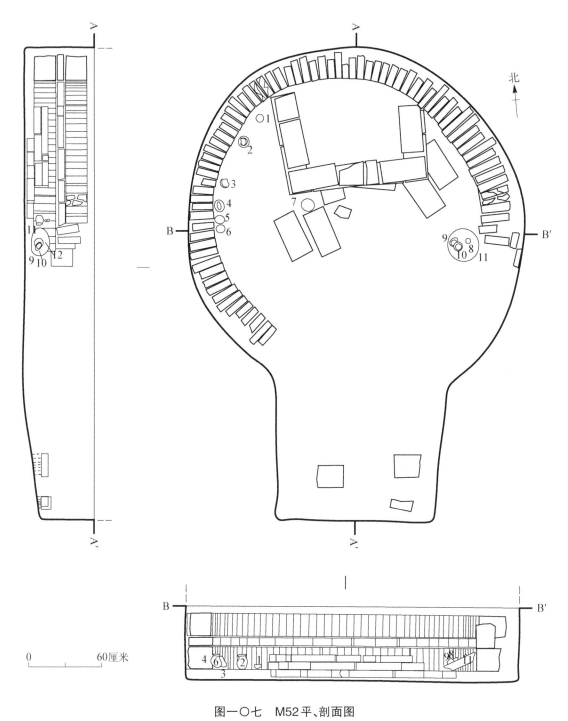

图一〇七　M52平、剖面图

1. 陶勺　2、3. 陶罐　4. 陶杯　5、6. 陶三足盘　7、10. 陶碗　8. 陶盏　9. 陶盆　11. 陶盘

2. 随葬品

陶勺 1件。M52：1，轮制，泥质灰陶，敞口微敛，圆唇，弧腹渐收，小平底，口沿处承一锥形手柄与流，内外为素面。口径12.6、底径5.6、柄长5.4、通高6.8厘米（图一〇八，2；彩版八七，1）。

陶罐 2件。

M52：2，轮制，泥质灰陶，敞口，圆唇，短颈，溜肩，弧腹，平底，底部有明显刮痕，通体为素面。口径5.4、腹径6.8、底径3.6、高6.5厘米（图一〇八，8；彩版八七，2）。

M52：3，轮制，泥质灰陶，敞口，方唇，平沿，溜肩，弧腹，平底，通体素面。口径9.2、腹径11.6、底径4.2、高8.4～10.2厘米（图一〇八，10；彩版八七，3）。

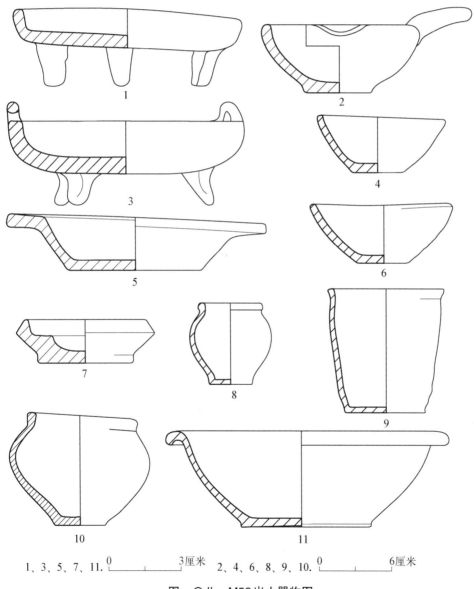

1、3、5、7、11.　0 ———— 3厘米　　2、4、6、8、9、10.　0 ———— 6厘米

图一〇八　M52出土器物图

1、3.陶三足盘（M52：5，M52：6）　2.陶勺（M52：1）　4、6.陶碗（M52：10，M52：7）　5.陶盘（M52：11）
7.陶盏（M52：8）　8、10.陶罐（M52：2，M52：3）　9.陶杯（M52：4）　11.陶盆（M52：9）

陶杯　1件。M52：4，轮制，泥质灰陶，侈口，方唇，直腹，平底，底部有明显的刮痕，通体素面。口径9.6、底径6.6、高9.8厘米（图一〇八，9；彩版八七，4）。

陶三足盘　2件。

M52：5，轮制，泥质灰陶，敞口，圆唇，浅腹，平底，底承三足，内外为素面。口径11、底径15.4、足高2.8、通高6.2厘米（图一〇八，1；彩版八七，5）。

M52：6，轮制，泥质灰陶，盘口，方唇，直腹，平底，底承三足，底部有明显刮痕。口径19.6、底径12.2、足高3.2、通高8.3厘米（图一〇八，3；彩版八七，6）。

陶碗　2件。

M52：7，轮制，泥质灰陶，敞口，圆唇，弧腹，平底。口径11.9、底径4、高4.6厘米（图一〇八，6；彩版八八，1）。

M52：10，轮制，泥质灰陶，敞口，圆唇，弧腹，平底，底部有明显刮痕。口径10.6、底径4、高4.4厘米（图一〇八，4；彩版八八，4）。

陶盏　1件。M52：8，轮制，泥质灰陶，侈口，尖唇，浅折腹，平底。口径5、腹径5.7、底径4、高1.7厘米（图一〇八，7；彩版八八，2）。

陶盆　1件。M52：9，轮制，泥质灰陶，敞口，圆唇，卷沿，斜腹，平底，底部有明显刮痕。口径11.8、底径5.4、高3.7厘米（图一〇八，9；彩版八八，3）。

陶盘　1件。M52：11，轮制，泥质灰陶，盘口，斜腹，平底，口沿周缘饰两圈凹旋纹。口径10.8、底径5.3、高1.8～2.2厘米（图一〇八，5；彩版八八，5）。

（二十三）M53

1. 墓葬形制与结构

M53开口于③层下，向下打破生土，方向187°。甲字形竖穴土圹砖室墓，墓口距地表0.6米，墓圹总长3.66、宽2.59、高0.6米。M53由墓道、墓门、墓室三部分组成。

墓道：竖穴式，平面呈长方形，长1.3、宽1.22、深0.54～0.6米。

墓门：两侧门体由条形砖一丁一顺垒砌而成，长0.74、宽1.02、高0.3米，用砖规格：38厘米×16厘米×6厘米。

墓室：平面呈圆形，直径2.06米。周壁采用半截条形砖围砌而成，破坏严重，仅存1层。墓室底部未铺砖，墓室北部设砖砌棺床，长0.84、宽0.8、高0.18米。棺床与墓室北壁连为一体（图一〇九；彩版八九，1）。

2. 随葬品

铜钱　2枚。

"景德元宝"铜钱1枚。M53：1-1，范铸，正面铸"景德元宝"四字，背面无字，楷书，旋读，圆形方穿。圆长2.5、方穿0.5厘米（图一一一，2）。

"开元通宝"铜钱1枚。M53：1-2，范铸，正面铸"开元通宝"四字，背面无字，隶书，对读，圆形方穿。圆长2.5、方穿0.7厘米（图一一一，1）。

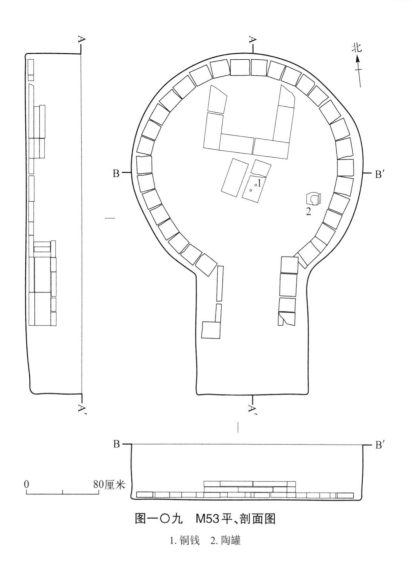

图一〇九 M53平、剖面图

1. 铜钱 2. 陶罐

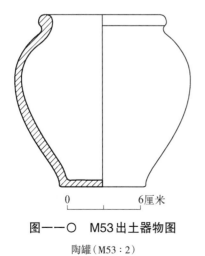

图一一〇 M53出土器物图

陶罐（M53：2）

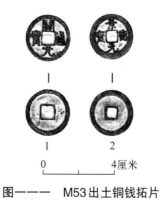

图一一一 M53出土铜钱拓片

1. 开元通宝（M53：1-1） 2. 景德元宝（M53：1-2）

陶罐　1件。M53：2，轮制，泥制灰陶，敞口，圆唇，短颈，溜肩，弧腹，平底，通体素面。口径10.4、腹径14.5、底径7.1、高14.9厘米（图一一〇；彩版八九，2）。

（二十四）M54

1.墓葬形制与结构

M54西邻M53，开口于③层下，向下打破生土，方向187°。甲字形竖穴土圹砖室墓，墓口距地表0.6米，墓圹总长4.15、宽2.98、深0.8米。四壁较整齐，内填深褐色五花土，土质较疏松。M54由墓道、墓门、墓室三部分组成。

墓道：斜坡式，平面呈长方形，长0.7、宽1.28、深0.7～0.8米，坡长0.7米。

墓门：保存较差，东部墙体仅存1层砖，平铺而成，西部墙体仅存2层，采用一丁一顺砌法砌筑。墓门长0.74、宽0.6、残高0.26米。封门保存较差，仅存一层，采用条砖横置，"人"字形斜铺而成。用砖规格：38厘米×16厘米×6厘米。

墓室：平面呈圆形，长2.74、宽2.96、深0.8米。墓室周壁破坏严重，仅存底部墙体，墙壁采用一丁一顺砌法砌筑。西壁仅存1层，东壁尚存3层，东壁可见"一桌二椅"砖雕装饰。墓室北部设砖砌棺床，保存较差，仅存3层，采用单层砖错缝平铺砌筑，残长0.76、宽0.72、残高0.18米。棺床与北壁连为一体。墓室内地面未铺砖，用砖规格：38厘米×16厘米×6厘米（图一一二；彩版九〇，1）。

2.随葬品

陶罐　2件。

M54：1，轮制，泥质灰陶，敞口，尖圆唇，束颈，溜肩，鼓腹，平底。肩承双耳，罐内饰满黑彩，罐外饰半黑彩，通体素面。口径9.4、腹径11.8、底径6.4、高9.1厘米（图一一三，1；彩版九〇，2）。

M54：2，轮制，泥质灰陶，敞口，方圆唇，溜肩，弧腹，平底，身有明显的修坯旋痕。口径8.9、腹径11.4、底径4.2、高8.4厘米（图一一三，2；彩版九〇，3）。

（二十五）M55

1.墓葬形制与结构

M55开口于③层下，向下打破生土，方向170°。甲字形竖穴土圹砖室墓，墓口距地表0.7米，墓圹总长5.08、宽2.68、深0.6米。四壁较整齐，内填深褐色五花土，土质较疏松。M55由墓道、甬道、墓室三部分组成。

墓道：竖穴式，平面呈长方形，长1.08、宽1.58、深0.74米。

甬道：长0.78、宽1.28～1.32米，两侧由条形砖平铺而成，仅存1层，内壁宽0.56米。用砖规格：38厘米×16厘米×6厘米。

墓室：平面呈圆形，南北长2.4、东西宽2.58、深0.6米。周壁采用半截条形砖围砌而成，破坏严重，仅存底部1层。墓室内地面未铺砖，未见棺床（图一一四；彩版九一）。

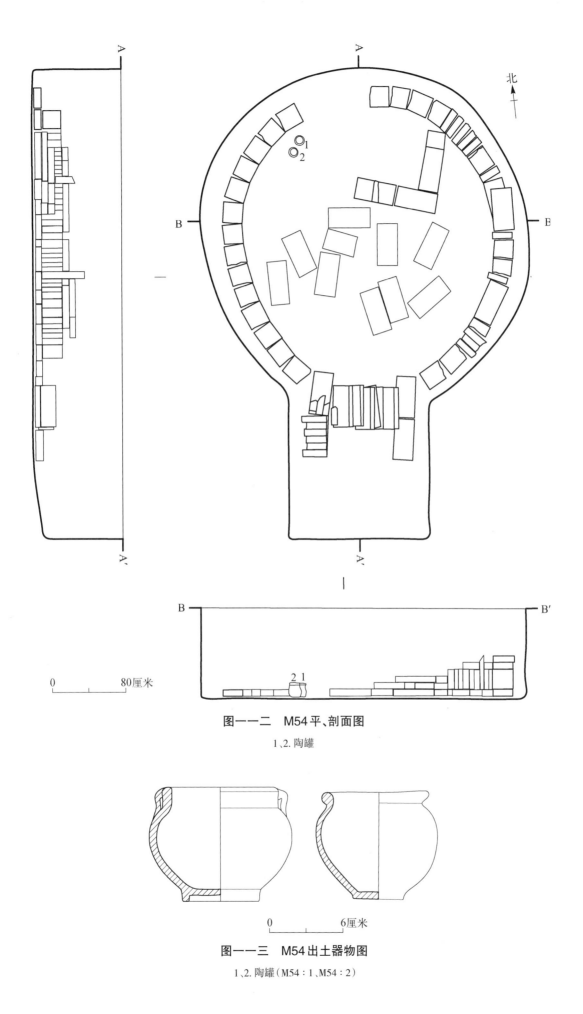

北

0 —————— 80厘米

图一一二　M54平、剖面图

1、2.陶罐

0 —————— 6厘米

图一一三　M54出土器物图

1、2.陶罐（M54：1、M54：2）

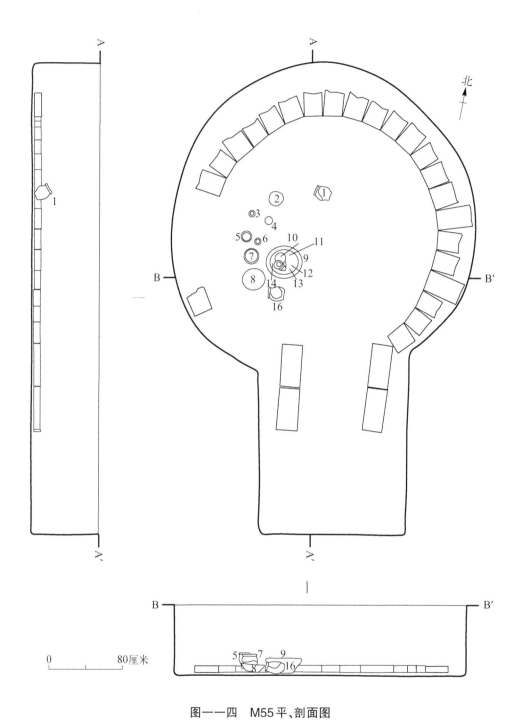

北

0   80厘米

图一一四 M55 平、剖面图

1、3～6、16.陶罐 2.陶盘 7.陶釜连甑 8.瓷盘 9、14.陶盆 10.陶熨斗 11.铜钱 12、13、15.陶盏

2.随葬品

陶罐　6件。

M55：1，轮制，泥质灰陶，敞口，尖唇，束颈，溜肩，弧腹，小平底内凹，肩部饰双耳，外部有明显的修坯痕迹，通体素面。口径12.4、腹径15.4、底径4.5、高14厘米（图一一五，11；彩版九二，1）。

M55：3，轮制，泥质灰陶，敞口，方唇，短颈，弧腹，平底，底部有明显刮痕。口径18.8、底径9.6、高12.6厘米（图一一五，8；彩版九二，3）。

M55：4，轮制，泥质灰陶，敞口，圆唇，矮颈，丰肩，鼓腹，平底，底部有明显刮痕，通体素面。口径11.2、腹径16、底径6.6、高13.8厘米（图一一五，10；彩版九二，4）。

M55：5，轮制，泥质灰陶，敞口，方圆唇，深直腹，平底，底部有明显刮痕，通体素面。口径9.6、底径7.2、高10.2厘米（图一一五，9；彩版九二，5）。

M55：6，轮制，泥质灰陶，敞口，圆唇，短颈，溜肩，微鼓腹，平底，通体素面。口径12.2、腹径15.4、底径7、高13厘米（图一一五，14；彩版九二，6）。

M55：16，轮制，泥质灰陶，敞口，圆唇，束颈，溜肩，弧腹，平底，罐身有明显的修坯旋痕，底部

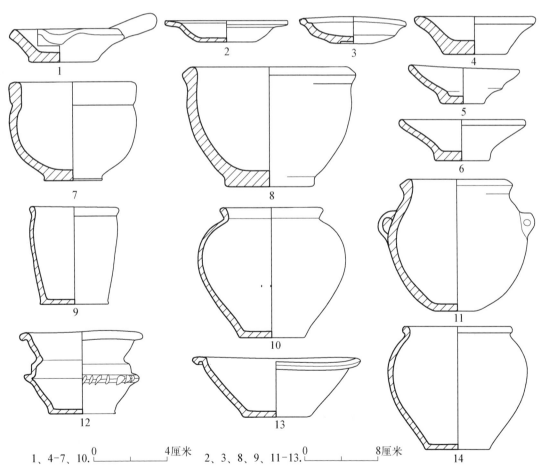

1、4-7、10. ⊢0——————4厘米⊣　　2、3、8、9、11-13. ⊢0——————8厘米⊣

图一一五　M55出土器物图

1.陶熨斗（M55：10）　2.陶盘（M55：2）　3、13.陶盆（M55：14、M55：9）　4～6.陶盏（M55：15、M55：13、M55：12）
7～11、14.陶罐（M55：16、M55：3、M55：5、M55：4、M55：1、M55：6）　12.陶釜连甑（M55：7）

也有明显刮痕。口径6.9、底径3.1、高5.2厘米（图一一五，7；彩版九四，4）。

陶盘　1件，M55：2，轮制，泥质灰陶，盘口，方圆唇，平沿，浅腹，平底，口沿有六处微卷，沿面周缘饰两圈凹旋纹。口径13.4、底径6、高2.2厘米（图一一五，2；彩版九二，2）。

陶釜连甑　1件，M55：7，轮制，泥质灰陶，甑釜相连，甑上釜下，甑为敞口，卷沿，圆唇，弧腹，无底，釜为敛口，折腹，平底，腹部饰一圈锯齿纹。甑口径13.4、釜腹径12.4、底径7.2、通高8.6厘米（图一一五，12；彩版九三，1）。

瓷盘　1件。M55：8，轮制，盘口，圆唇，斜弧腹，下收，圈足，平底，盘内外饰满釉，釉质稀薄，露胎，内底见涩圈叠烧痕。口径18、底径6.4、高4厘米（图一一六；彩版九三，3）。

陶盆　2件。

M55：9，轮制，泥质灰陶，敞口，沿面，微弧，圆方唇中间周缘饰凹弦纹，斜腹，腹部至底饰数道凸旋纹，平底有明显刮痕。盆内口向下周缘饰凹旋纹，盆底部周缘饰数道凹旋纹，内外为素面。口径18.2、底径7.2、高6.2厘米（图一一五，12；彩版九三，2）。

M55：14，轮制，泥质灰陶，盘口，圆唇，折弧腹，平底内凹，底部有修坯旋痕，通体素面。口径11.6、底径3.9、高1.1～1.4厘米（图一一五，3；彩版九四，2）。

陶熨斗　1件，M55：10，轮制，泥质灰陶，盘口，方圆唇，折弧腹，小平底，口沿处承一锥形手柄和流。口径5.6、底径3.5、柄长2.6、高1.7厘米（图一一五，1；彩版九三，4）。

铜钱　1枚。M55：11，范铸，正面铸"开元通宝"四字，隶书，对读，背上月，圆形方穿。圆长2.6、方穿0.7厘米（图一一七，1）。

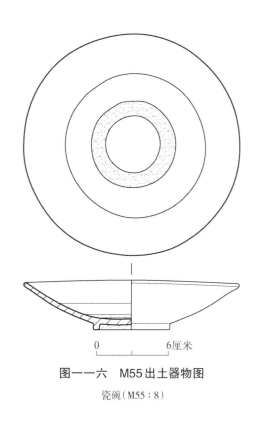

图一一六　M55出土器物图

瓷碗（M55：8）

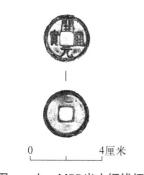

图一一七　M55出土铜钱拓片

开元通宝（M55：11）

陶盏 3件。

M55：12，轮制，泥质灰陶，敞口，圆唇，斜腹，平底，通体素面。口径7、底径2.8、高2.1厘米（图一一五，6；彩版九三，5）。

M55：13，轮制，泥质灰陶，敞口，尖圆唇，斜腹，平底，通体素面。口径6.1、底径2.3、高1.8～2厘米（图一一五，5；彩版九四，1）。

M55：15，轮制，泥质灰陶，敞口，尖圆唇，斜弧腹，平底，底部有明显刮痕，通体素面。口径6.7、底径3.3、高2厘米（图一一五，4；彩版九四，3）。

（二十六）M59

1.墓葬形制与结构

M59开口于③层下，向下打破生土，方向162°。竖穴土圹砖室墓，墓圹长2.88、宽0.55～0.74、深0.7米，墓圹内砖砌墓室，墓砖以残砖为主。墓室平面呈梯形，南宽北窄，周壁墙体砌法为错缝平铺，墓顶为1层砖平铺而成。墓底有1层铺地砖，南北两侧设横向支棺砖。葬具无存，墓主人骨架保存较差，头向南，仰身直肢葬（图一一八；彩版九五，1，九六，1）。

2.随葬品

瓷罐 1件。M59：1，轮制，直口，方圆唇，平沿，溜肩，鼓腹，下腹弧收，圈足，平底，肩承双耳，耳上有三条凸弦纹，腹部有数道竖弦纹，罐内饰满釉，罐外饰半釉露胎，胎呈灰褐两种颜色。口径12厘米，腹径15.8厘米，底径7.2厘、高17.4厘米。（图一一九，1；彩版九五，2）。

铁器 1件。M59：2，范铸，器身呈马鞍状，两头上翘，侧视呈倒"V"字形，底部饰4个圆锥形足。长19.8、宽14、高8.1厘米（图一二〇；彩版九五，3）。

铜钱 1枚。M59：3，范铸，正面铸"祥符通宝"四字，真书，旋读，背面无字，圆形方穿。圆长2.6、方穿0.6厘米（图一二一）。

铜簪 1件。

M59：4，残，器身为扁平，两端为尖圆形，通体素面。残长13.8厘米（图一一九，2；彩版九六，2）。

铜钗 1件。

M59：5，残，钗身为扁条双股，尾尖。残长13.2厘米（图一一九，3；彩版九六，3）。

（二十七）M61

1.墓葬形制与结构

M61北邻M62，开口于③层下，向下打破生土，方向175°。梯形竖穴土圹墓，墓口距地表0.8米，墓圹平面呈梯形，南宽北窄，长2.24、宽0.52～0.68、深0.4米。四壁较整齐，内填浅褐色五花土，土质较疏松，内含红砖碎粒、炭粒等，周壁存在火烧痕迹，火烧壁厚0.06米。底部有炭灰，厚0.04米。墓底未见葬具和墓主人骨架（图一二二；彩版九七，1）。

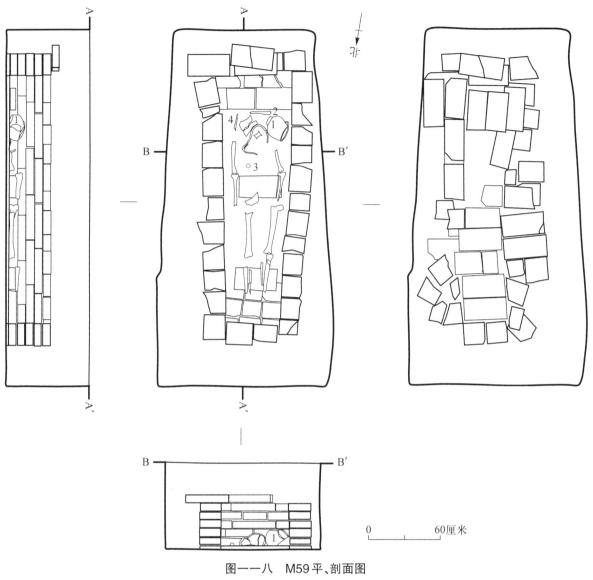

图一一八　M59平、剖面图

1. 瓷罐　2. 铁器　3. 铜钱　4. 铜钗

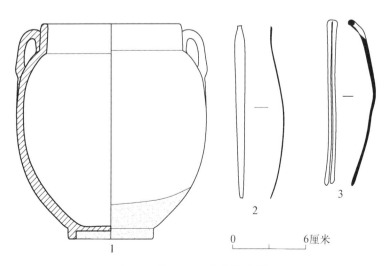

图一一九　M59出土器物图

1. 瓷罐（M59：1）　2. 铜簪（M59：4）　3. 铜钗（M59：5）

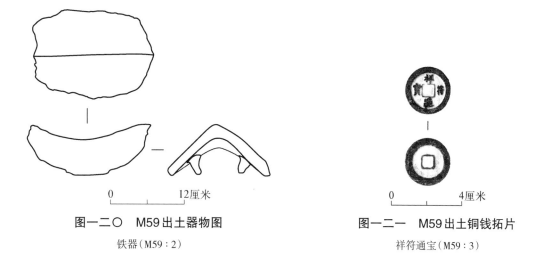

图一二〇 M59出土器物图

铁器(M59:2)

图一二一 M59出土铜钱拓片

祥符通宝(M59:3)

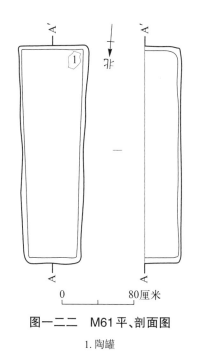

图一二二 M61平、剖面图

1.陶罐

2. 随葬品

陶罐 1件。M61：1，轮制，泥质灰陶，略变形，直口，方圆唇，短束颈，溜肩，鼓腹，平底，腹部饰一圈轮制旋痕。口径8.8、腹径14.8、底径6.2、高19厘米（图一二三；彩版九七，2）。

（二十八）M62

1.墓葬形制与结构

M62南邻M61，开口于③层下，向下打破生土，方向165°。梯形竖穴土圹墓，墓口距地表0.8

米,平面呈梯形,南宽北窄,长1.92、宽0.4～0.52、深0.36米。四壁较整齐,内填浅褐色五花土,土质较疏松,内含碎红砖块、炭粒等,周壁存在火烧痕迹,火烧壁厚0.06米。底部有炭灰,厚0.04米。墓底未见葬具和墓主人骨架(图一二四;彩版九八)。

2. 随葬品

该墓内未发现随葬品。

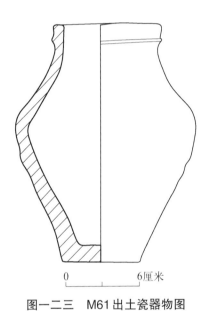

图一二三　M61出土瓷器物图

陶罐(M61:1)

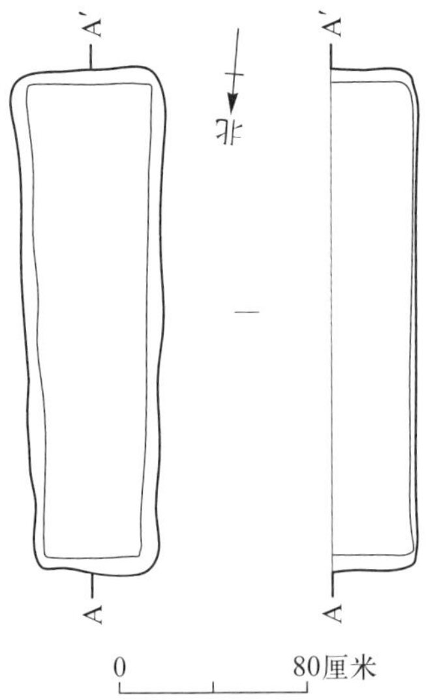

图一二四　M62平、剖面图

第四节 金 代 墓 葬

（一）M9

1. 墓葬形制与结构

M9北邻M57, 开口于③层下, 向下打破生土, 方向85°。长方形竖穴土圹砖室火葬墓, 墓口距地表0.95米, 墓圹总长2.49、宽1.48、残高0.5米。四壁较整齐, 内填深褐色五花土, 包含少量青色碎砖粒。

墓室平面呈长方形, 长1.7、宽1.34、残高0.42米。四周为双层青砖错缝平铺垒砌而成, 仅存7层, 至7层向内起券, 其顶部保存较差, 顶部垒砌不详, 用砖规格: 38厘米 × 18厘米 × 6厘米。西侧砖墙外有倒塌堆积, 残存1层砖。室内呈长方形, 长1.7、宽0.6、残高0.42米。墓底置一木棺, 保存较差, 仅存青灰色痕迹, 长0.6、宽0.46、残高0.02米。棺内放置墓主人烧骨, 范围呈三角形, 长0.3、厚0.04米。棺内出土镇墓石3块, 铜钱40枚(图一二五; 彩版九九, 1)。

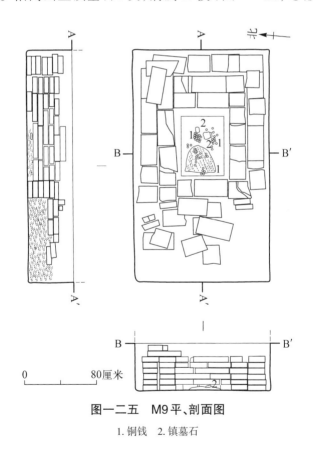

图一二五 M9平、剖面图
1. 铜钱 2. 镇墓石

2. 随葬品

镇墓石 3块。

青石质, 近圆形, 扁平, 边角圆滚, 系河卵石, 未见人工加工痕迹。M9: 2-1, 直径13.1、厚

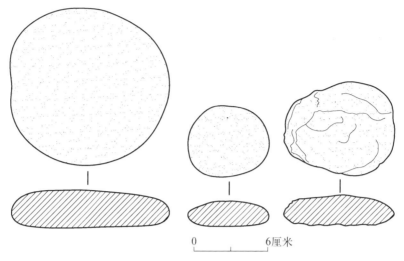

图一二六　M9出土器物图

镇墓石（M9∶2）

3.2厘米；M9∶2-2，直径6.6，厚2厘米；M9∶2-3，直径7.3、厚2.4厘米（图一二六；彩版九九，2）。

铜钱　40枚。

"正隆元宝"铜钱8枚。标本M9∶1-1，范铸，正面铸"正隆元宝"四字，背面无字，楷书，旋读，圆形方穿。圆长2.5、方穿0.5厘米（图一二七，1）。

"绍圣元宝"铜钱12枚。标本M9∶1-2，范铸，正面铸"绍圣元宝"四字，背面无字，行书，旋读，圆形方穿。圆长2.4、方穿0.6厘米（图一二七，2）。

"元祐通宝"铜钱20枚。标本M9∶1-3，范铸，正面铸"元祐通宝"四字，背面无字，行书，旋读，圆形方穿。圆长2.4、方穿0.7厘米（图一二七，4）。

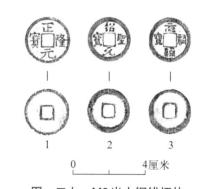

图一二七　M9出土铜钱拓片

1. 正隆元宝（M9∶1-1）　2. 绍圣元宝（M9∶1-2）
3. 元祐通宝（M9∶1-3）

（二）M12

1. 墓葬形制与结构

M12开口于③层下，向下打破生土，方向190°。甲字形竖穴土圹砖室墓，墓口距地表0.72米，墓底距地表1.66米。墓室南北总长4.46、宽2.84、深0.96米。该墓由墓道、墓门、墓室组成。

墓道：斜坡式，平面呈长方形，长2.3、宽1.1米。内填五花土，土质较疏松，包含大量碎砖。

墓门：平面呈长方形，门宽0.8、残高0.25米。

墓室：平面呈圆形，南北长2.16、东西宽2.84米。墓室破坏严重，周壁仅存1层墙砖（图一二八；彩版一〇〇）。

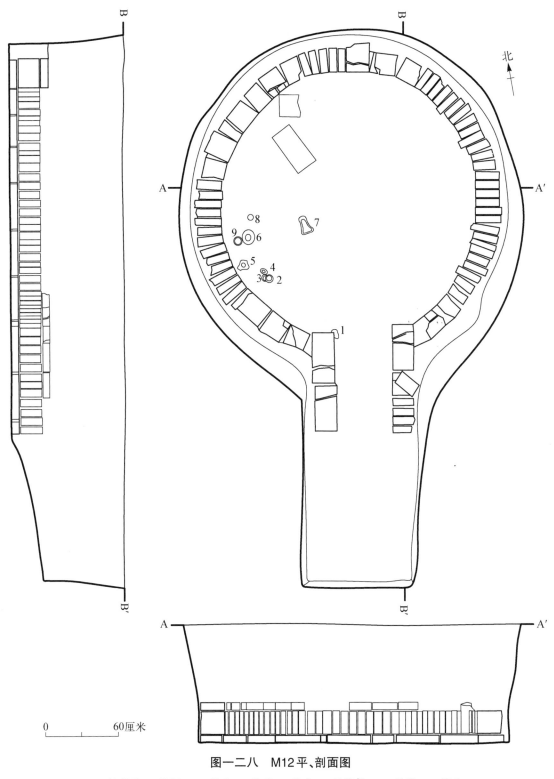

图一二八　M12平、剖面图

1.镇墓石　2.陶杯　3、5.陶盆　4.陶壶　6.陶盏　7.陶簸箕　8、9.陶罐　10.瓷碗

2.随葬品

镇墓石 1块。M12∶1,青石质,椭圆形,边角圆滚,系河卵石。长7.5、宽5、厚4厘米(图一二九,3;彩版一〇一,1)。

陶杯 1件。M12∶2,轮制,泥质灰陶,敞口,圆唇,深直腹,平底,通体素面。口径10.9、底径4.8、高8.2厘米(图一二九,1;彩版一〇一,2)。

陶盆 2件。

M12∶3,轮制,泥质灰陶,盘口,斜腹,小平底,口沿边周缘饰一圈凹旋纹,内壁模印花卉纹,口沿处印水波纹。口径12、底径5.6、高3厘米(图一二九,6;彩版一〇一,3)。

M12∶5,轮制,泥质灰陶,敞口,圆唇,卷沿,斜腹,平底。口径22.2、底径9.5、高6.1厘米(图一二九,9;彩版一〇一,5)。

陶壶 1件。M12∶4,轮制,泥质红陶,口残,体似圆锥形,束颈,斜腹,平底,通体素面。腹径

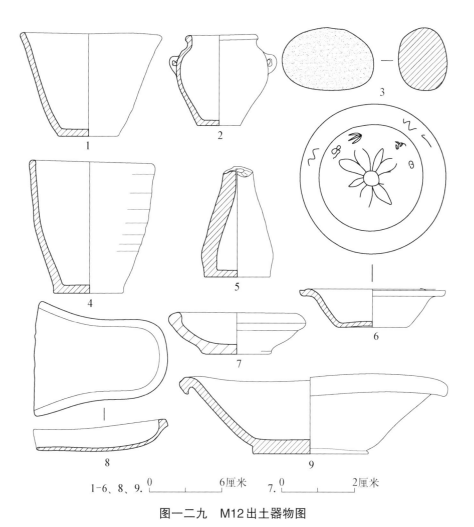

1-6、8、9. 0 ____ 6厘米 7. 0 ____ 2厘米

图一二九　M12出土器物图

1.陶杯(M12∶2)　2、4.陶罐(M12∶9、M12∶8)　3.镇墓石(M12∶1)　5.陶壶(M12∶4)
6、9.陶盆(M12∶3、M12∶5)　7.陶盏(M12∶6)　8.陶簸箕(M12∶7)

5.3、底径6、残高8.8厘米(图一二九,5;彩版一〇一,4)。

陶盏 1件。M12:6,轮制,泥质灰陶,敞口,圆唇,小弧腹,平底,底部饰数道弦纹。口径5.6、底径2.6、高1.6厘米(图一二九,7;彩版一〇一,6)。

陶簸箕 1件。M12:7,模制,泥质灰陶,俯视平面呈梯形,箕口外敞,余三边凸起外撇,尾部上翘,外壁有削痕,内模印柳条纹。长11.1、宽9.2、高2.4厘米(图一二九,8;彩版一〇二,1)。

陶罐 2件。

M12:8,轮制,泥质灰陶,敞口,圆唇,深直腹,平底,罐身有明显的修坯旋痕,底部也有明显刮痕,通体素面。口径10.4、底径5.9、高10.4厘米(图一二九,1;彩版一〇二,2)。

M12:9,轮制,泥质灰陶,敞口,方圆唇,矮颈,溜肩,弧腹斜收,平底,肩承双耳,通体素面。口径6、腹径8.8、底径3.4、高7.2厘米(图一二九,2;彩版一〇二,3)。

瓷碗 1件,M12:10。轮制,敞口,弧腹,圈足,平底,内底饰暗刻花纹双鱼戏水。口径20、底径7.4、高6.4厘米(图一三〇;彩版一〇二,4)。

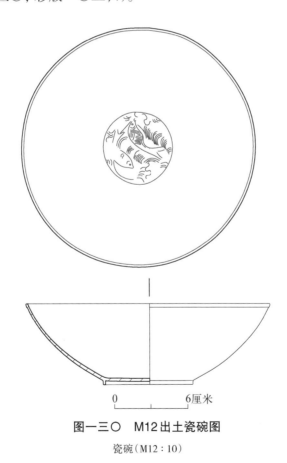

0   6厘米

图一三〇 M12出土瓷碗图

瓷碗(M12:10)

(三)M56

1.墓葬形制与结构

M56开口于③层下,向下打破生土,方向175°。长方形竖穴土圹砖室墓,墓口距地表0.65米,墓圹总长2.94、宽1.82、深0.6米。四壁较整齐，内填深褐色五花土，土质较疏松。M56由墓道、墓门、墓室三部分组成。

墓道：竖穴式，平面呈长方形，长1.2、宽1.2、深0.6米。

墓门：墓门两侧门体由条形砖一丁一顺垒砌而成。长0.4、宽1.2、高0.6米。墓门上部破坏严重，结构不详。封门现存2层，采用横砖斜置，"人"字形交叉封堵，用砖规格：38厘米×16厘米×6厘米。

墓室：平面呈圆形，直径1.26米。周壁采用条砖一丁一顺垒砌而成。破坏严重，仅存下部墙体，东壁可见"一桌两椅"砖雕装饰。墓室北部设砖砌棺床，棺床与墓室北壁连为一体。棺床平面呈矩形，长0.86、宽0.62、高0.2米。棺床三壁采用横砖立置，仅存1层，棺床内填土。墓室地面未铺砖（图一三一；彩版一〇三，一〇四，1、2）。

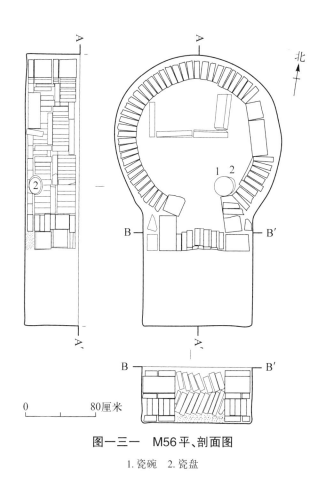

图一三一　M56平、剖面图
1. 瓷碗　2. 瓷盘

2. 随葬品

瓷碗　1件。M56∶1，轮制，敞口，圆唇，斜弧腹，圈足，平底，底足露胎，碗内饰满釉，碗外施半釉，釉色牙黄，内部有细密开片纹，内底留有五处长条形支垫痕。口径20.2、底径6.6高6.4厘米（图一三二，1；彩版一〇四，3）。

　　瓷盘 1件。M56：2，轮制，盘口外撇，圆唇，折弧腹，圈足，平底，碗内施满釉，碗外施半釉，露胎，内底见涩圈叠烧痕。口径20.2，底径6.4，高4.2厘米（图一三二，2；彩版一○四，3）。

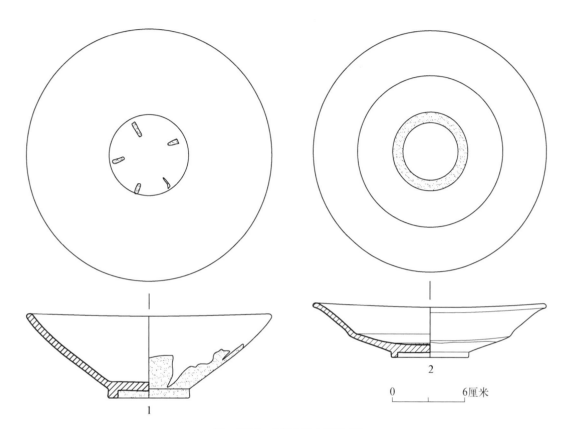

图一三二　M56出土器物图

1.瓷碗（M56：1）　2.瓷盘（M56：2）

（四）M60

1.墓葬形制与结构

　　M60开口于③层下，向下打破生土，方向180°。竖穴土圹砖室墓，墓口距地表0.76米，墓圹平面呈"凸"字形，墓口长2.76、宽1.1～2.28、深0.86米。券顶残存1层，呈方形，长2.26、宽2.24米。墓室呈长方形，墙体砖砌法为错缝平铺，墓底置墓主人骨架一具，保存较差，头向南，面相、性别不详，仰身直肢葬，人骨下有三行垫砖，头骨南部出土陶罐1件。用砖规格：36厘米×18厘米×6厘米（图一三三；彩版一○五，1）。

2.随葬品

　　瓷罐 1件。M60：1，轮制，敞口，圆唇，束颈，折肩，弧腹，圈足，肩承双耳，带弦纹，罐内施满釉，罐外施半釉，露粗胎。口径13、腹径16.1、底径7.6、高12.1厘米（图一三四；彩版一○五，2）。

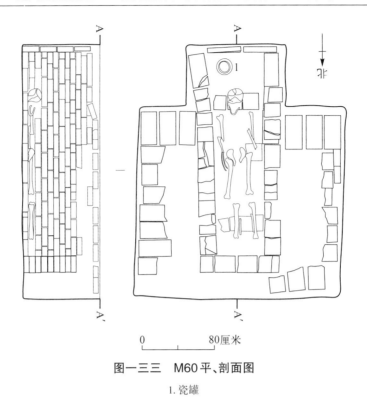

图一三三　M60平、剖面图

1. 瓷罐

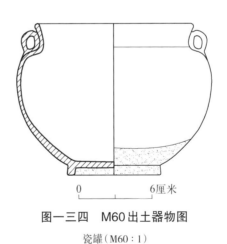

0　　　　　6厘米

图一三四　M60出土器物图

瓷罐（M60：1）

第五节　清代墓葬

（一）M4

1. 墓葬形制与结构

M4开口于②层下，叠压于M2之上，向下打破生土，方向358°。长方形竖穴土圹双棺墓，墓圹南北长2.55、东西宽1.54、深0.52米。墓圹四壁较整齐，墓底置双棺，西棺打破东棺，棺底铺有白灰。棺内墓主人均为女性,人骨架保存较差,分布散乱。(图一三五;彩版一〇六,1)。

2.随葬品

铜簪 5件(彩版一〇六,2)。

M4:1-1,残,簪首为圆形,分上下两层,用银丝在圆环内掐成一"寿"字,正面錾刻月华锦纹。簪体细长圆柱形,尾尖。簪首直径2.7、通高12.3厘米(图一三六,1)。

M4:1-2,残,簪首为圆形,分上下两层,用银丝在圆环内掐成一"寿"字,正面錾刻月华锦纹。簪体细长圆柱形,尾尖。簪首直径2.5、通高10.05厘米(图一三六,2)。

M4:1-3,残,簪首为圆形镂空,似绣球状。簪体细长圆柱形,尾尖。簪首直径1.7、通高12.9厘米(图一三六,3)。

M4:3-1,残,簪首为圆形,分上下两层,用银丝在圆环内掐成一"福"字,正面錾刻月华锦纹。簪体细长圆柱形,尾尖。簪首直径2.6、通高13.2厘米(图一三六,4)。

M4:3-2,簪首为圆形,分上下两层,用银丝在圆环内掐成一"寿"字,正面錾刻月华锦纹。簪

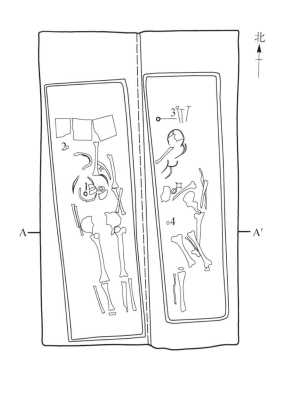

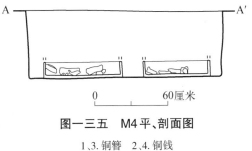

图一三五 M4平、剖面图

1、3.铜簪 2、4.铜钱

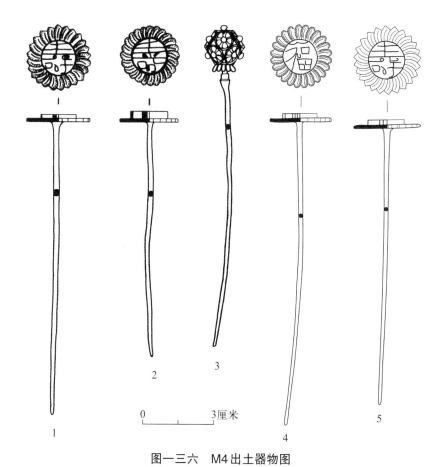

图一三六　M4出土器物图

1～5.铜簪（M4：1-1、M4：1-2、M4：1-3、M4：3-1、M4：3-2）

尾遗失。簪首直径2.9、通高12.1厘米（图一三六，5）。

铜钱　2枚。均为"乾隆通宝"铜钱。

M4：2，范铸，正面铸"乾隆通宝"四字，楷书，对读，背面穿左右铸满文"宝泉"二字，圆形方穿。圆长2.5、方穿0.5厘米（图一三七，1）。

M4：4，范铸，正面铸"乾隆通宝"四字，楷书，对读，背面左右铸满文"宝泉"二字，圆形方穿。圆长2.3、方穿0.6厘米（图一三七，2）。

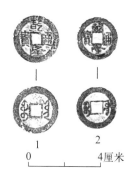

图一三七　M4出土铜钱拓片

1、2.乾隆通宝（M4：2、M4：4）

（二）M6

1.墓葬形制与结构

M6南邻M7，开口于②层下，向下打破生土，方向327°。长方形竖穴土圹三棺墓，墓口距地表0.6米，墓圹南北长2.94、东西宽2.82、深0.5米。墓圹四壁较整齐，墓内填土为花土，土质较松软。

墓底置三棺,分为东棺、中棺、西棺,东棺打破中棺,西棺打破中棺。

东棺长1.98、宽0.7、厚0.02米。棺内墓主人为女性,骨架保存较差,面向不详,头向北,仰身直肢葬。棺底铺有白灰,厚0.01米。

中棺长1.94、宽0.42～0.58、厚0.02米。棺内墓主人为女性,骨架保存较差,面向西,头向北,仰身直肢葬。棺底铺有白灰,厚0.01米。

西棺长2、宽0.5～0.62、厚0.02米。棺内墓主人为男性,人骨保存一般,面向上,头向北,仰身直肢葬。棺底铺有白灰,厚0.01米(图一三八;彩版一〇七,1)。

2.随葬品

铜钱　2枚。均为"咸丰重宝"铜钱。

M6:1,范铸,正面铸"咸丰重宝"四字,楷书,对读,背面穿左右铸满文"宝泉"二字,

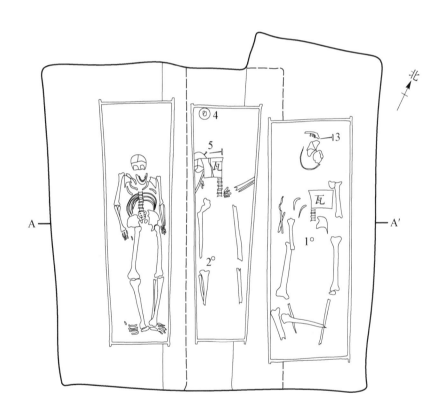

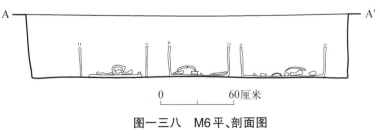

图一三八　M6平、剖面图

1、2.铜钱　3、5.铜簪　4.陶罐

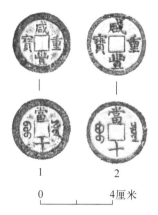

图一三九　M6出土铜钱拓片

1、2.咸丰重宝（M6∶1、M6∶2）

上下是汉字"当十"，圆形方穿。圆长3.3、方穿0.6厘米（图一三九,1）。

M6∶2,范铸,正面铸"咸丰重宝"四字,楷书,对读,背面穿左右铸满文"宝泉"二字,上下是汉字"当十",圆形方穿。圆长3.4、方穿0.7厘米（图一三九,2）。

铜簪　3件。

M6∶3,残,簪首为圆形镂空,似绣球状,簪体细长圆柱形,尾尖。簪首直径1.4、通高12.2厘米（图一四〇,1;彩版一〇七,2）。

M6∶5-1,簪首为圆形,分上下两层,用银丝在圆环内掐成一"福"字,正面錾刻月华锦纹。簪体细长圆柱形,尾尖。簪首直径2.4、通高11.2厘米。M6∶5-2,簪首为圆形镂空,似绣球状,以花瓣纹和小圆珠为饰。簪体细长圆柱形,尾尖。簪首直径1.7、通高13.6厘米（图一四〇,2、3;彩版一〇七,4）。

陶罐　1件。M6∶4,轮制,泥质红陶,敞口,平沿,束颈,溜肩,鼓腹下收,平底,罐身有明显修坯旋痕。口径6厘米,腹径10厘米,底径4.6厘、高12.2厘米（图一四一;彩版一〇七,3）。

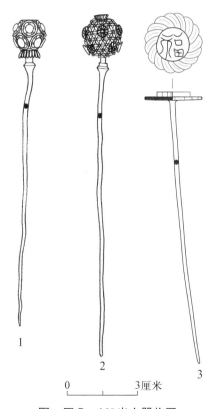

图一四〇　M6出土器物图

1～3.铜簪（M6∶3、M6∶5-1、M6∶5-2）

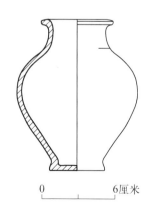

图一四一　M6出土器物图

陶罐（M6∶4）

（三）M7

1. 墓葬形制与结构

M7南邻M8，开口于②层下，向下打破生土，方向325°。长方形竖穴土圹双棺墓，墓口距地表0.72米，墓圹南北长2.96、东西宽1.94～1.98、深0.58米。墓圹四壁较整齐，墓内填土为花土，土质较松软。墓底置双棺，分为东棺、西棺，西棺打破东棺，间距0.06～0.2米，等高。

东棺长1.98、宽0.64～0.54、残高0.3、厚0.02米，棺内未见墓主人骨架，北部出土铜簪。

西棺长1.98、宽0.56～0.76、残高0.3、厚0.02米。棺内墓主人为男性，骨架保存一般，骨架长1.68米，头向北，面向不详，仰身直肢葬，头骨西侧、手骨、腿骨等处出土铜钱（图一四三；彩版一〇八，1）。

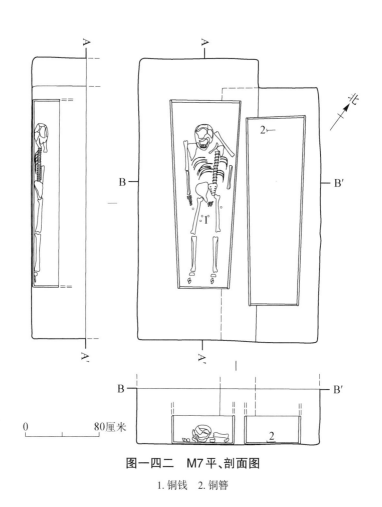

图一四二　M7平、剖面图

1.铜钱　2.铜簪

2. 随葬品

铜钱　5枚。标本M7∶1，范铸，圆形，方穿，正面铸有楷书"乾隆通宝"四字，对读，背面左右铸有满文"宝泉"二字。钱径2.47、穿径0.6厘米（图一四三）。

铜簪　1件。M7∶2,残,簪首为花骨朵状,模糊不清。簪体细长圆柱形,簪尾稍钝。簪首直径0.7、高12.7厘米(图一四四;彩版一〇八,2)。

(四) M8

1. 墓葬形制与结构

M8北邻M7,开口于②层下,向下打破生土,方向345°。长方形竖穴土圹双棺墓,墓口距地表0.55米,墓圹南北长2.52、东西宽1.92～1.96、深0.4米。墓圹四壁较整齐,填土为花土,土质较松软。墓底置双棺,分为东棺、西棺,西棺打破东棺。

东棺:长1.86、宽0.56～0.6、残高0.3、厚0.02米。棺内墓主人为男性,骨架保存一般,骨架长1.4米,头向不详,面向不详,仰身直肢葬。骨架下铺有白灰,厚0.01米。

西棺:长1.9、宽0.42～0.54、残高0.3、厚0.02米。棺内墓主人为女性,骨架保存一般,骨架整体长1.7米,头向北,面向西,仰身直肢葬。骨架下铺有白灰,厚0.01米(图一四五;彩版一〇九,1)。

2. 随葬品

铜钱　2枚。

"元丰通宝"铜钱1枚。M8∶1,范铸,正面铸"元丰通宝"四字,背面无字,行书,旋读,圆形方穿。圆长2.4、方穿0.6厘米(图一四六,2)。

"咸丰通宝"铜钱1枚。M8∶3,范铸,正面铸"咸丰通宝"四字,楷书,对读,背面穿左右铸满文"宝泉"二字,圆形方穿。圆长2.3、方穿0.5厘米(图一四六,1)。

铜簪　3件(彩版一〇九,2)。

M8∶2-1,簪首为圆形,分上下两层,用银丝在圆环内掐成一"福"字,正面錾刻月华锦纹。簪体细长圆柱形,尾尖。簪首直径2.5、通高13.3厘米(图一四七,1)。

M8∶2-2,簪首为圆形,分上下两层,用银丝在圆环内掐成一"寿"字,篆体,正面錾刻月华锦纹。簪体细长圆柱形,尾尖。簪首直径2.5、通高13.3厘米(图一四七,2)。

M8∶2-3,簪首为方球形,有菱形面六面,三角形面八面,錾刻圆弧三角形。交角处铸小圆珠饰,簪体细长圆柱形,尾尖。簪首直径2.5、通高13厘米(图一四七,3)。

0　　　　4厘米

图一四三　M7出土铜钱拓片

铜钱(M7∶1)

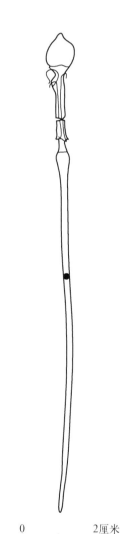

0　　　　2厘米

图一四四　M7出土器物图

铜簪(M7∶2)

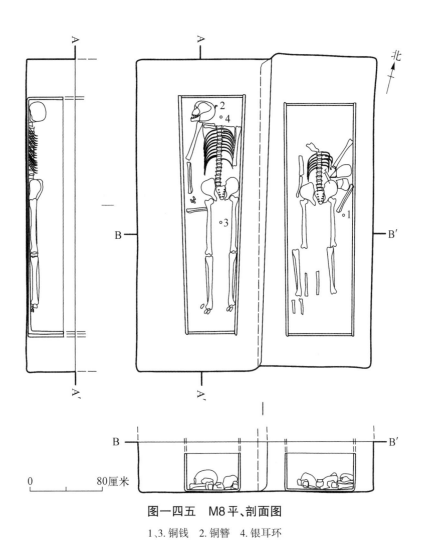

图一四五 M8平、剖面图

1、3.铜钱 2.铜簪 4.银耳环

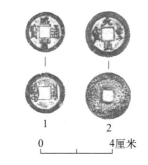

图一四六 M8出土铜钱拓片

1.咸丰通宝(M8∶3) 2.元丰通宝(M8∶1)

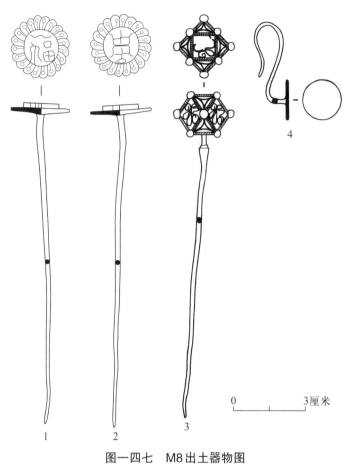

图一四七　M8出土器物图

1～3. 铜簪（M8：2-1、M8：2-2、M8：2-3）　4. 银耳环（M8：4）

　　银耳环　2件，形制近似。标本 M8：4，残，一端钩形圆柱环状，另一端呈扁饼状。高 3.9 厘米（图一四七，4；彩版一〇九，3）。

（五）M14

1. 墓葬形制与结构

　　M14 南邻 M15，开口于②层下，向下打破生土，方向 195°。长方形竖穴土圹单棺墓，墓口距地表 0.5 米，墓圹长 2.2、宽 0.96、深 0.34 米。四壁较整齐，内填深褐色五花土，土质较疏松。墓底置单棺，木棺已朽，仅存板灰痕迹，棺长 1.9、宽 0.64～0.52、残高 0.26、厚 0.02 米。棺内墓主人为男性，骨架保存较差，人骨整体长 1.49 米，头向南，面向不详，仰身直肢葬。骨架下铺一层青灰，厚 0.01 米（图一四八；彩版一一〇）。

2. 随葬品

　　铜钱　1枚。M14：1，范铸，正面铸"咸丰通宝"隶书，对读，背面铸满文"〔〕"，圆形方穿。圆长 2、方穿 0.6 厘米（图一四九）。

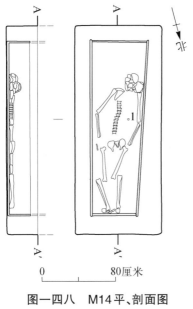

图一四八　M14平、剖面图

1.铜钱

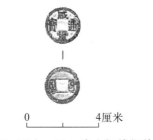

图一四九　M14出土铜钱拓片

咸丰通宝（M14：1）

（六）M15

1.墓葬形制与结构

M15南邻M14，开口于②层下，向下打破生土，方向190°。长方形竖穴土圹双棺墓，墓圹长2.61、宽1.54～1.84、深0.86米。墓圹四壁较整齐，内填深褐色五花土，土质较疏松。墓底置双棺，分东棺与西棺，东棺打破西棺，东棺高出西棺0.16米。

东棺长1.9、宽0.6～0.74、厚0.02、残高0.3米。棺内墓主人为男性，骨架保存一般，骨架整体长1.66米，头向南，面向不详，仰身直肢葬。骨架下铺有白灰，厚0.01米。胸部出土铜钱1枚。

西棺长1.82、宽0.46～0.74、厚0.02～0.06、残高0.24米。棺内墓主人为女性，骨架保存一般，骨架整体长1.46米，头向南，面向不详，仰身直肢葬。骨架下铺有白灰，厚0.01米。骨架上有陶瓦1件，盆骨处有铜钱1枚（图一五〇；彩版一一一）。

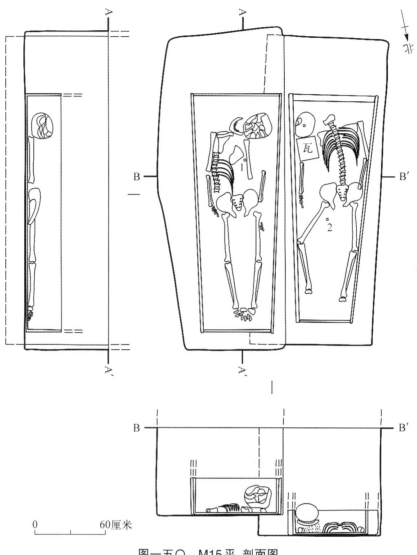

图一五〇　M15平、剖面图

1、2.铜钱

2.随葬品

铜钱　2枚。

"咸丰重宝"铜钱1枚。M15：1，范铸，正面铸"咸丰重宝"四字，楷书，对读，背面穿左右铸满文"宝泉"二字，上下是汉字"当十"，圆形方穿。圆长3、方穿0.6厘米（图一五一，1）。

"道光通宝"铜钱1枚。M15：2，范铸，正面铸"道光通宝"四字，楷书，对读，背面穿左右铸满文"宝泉"二字，圆形方穿。圆长2.3、方穿0.5厘米（图一五一，2）。

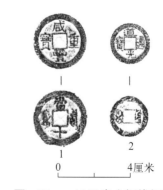

图一五一　M15出土铜钱拓片

1.咸丰重宝（M15：1）　2.道光通宝（M15：2）

（七）M16

1. 墓葬形制与结构

M16北邻M14，开口于②层下，向下打破生土，方向182°。长方形竖穴土圹双棺墓，墓圹长2.58、宽1.6～1.76、深0.7米。墓圹四壁较整齐，内填深褐色五花土，土质较疏松。墓底置双棺，分东棺与西棺，西棺打破东棺，间距0.06～0.14米，西棺高出东棺0.02米。

东棺长2.12、宽0.6～0.76、厚0.02～0.1、残高0.32米。棺内墓主人为女性，骨架保存一般，骨架整体长1.66米，头向南，面向不详，仰身直肢葬。骨架下铺白灰，厚0.01米。盆骨、肢骨等处出土铜钱5枚。

西棺长1.84、宽0.52～0.64、厚0.02、残高0.32米。棺内墓主人为男性，骨架保存一般，头向南，面向、葬式不详。棺内头骨处出土铜钱3枚（图一五二；彩版一一二，1）。

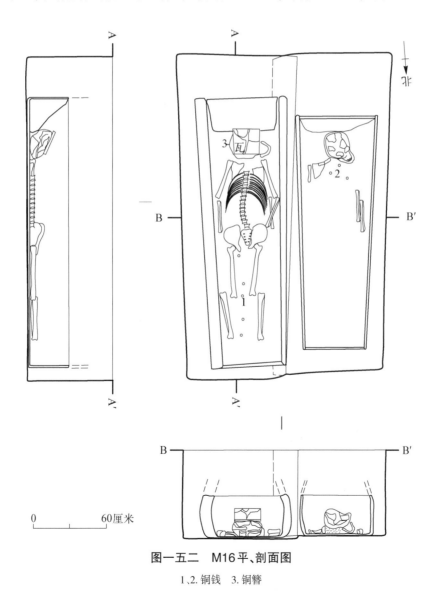

图一五二　M16平、剖面图

1、2. 铜钱　3. 铜簪

2.随葬品

铜钱 8枚。

"咸丰通宝"铜钱5枚。标本M16:1,范铸,正面铸"咸丰通宝"四字,楷书,对读,背面穿左右铸满文"宝泉"二字,圆形方穿。圆长2.2、方穿0.6厘米(图一五三,1)。

"光绪通宝"铜钱3枚。标本M16:2,范铸,圆形,方穿,正面铸有楷书"光绪通宝"四字,对读,背面左右铸有满文"宝泉"二字。钱径2.5、穿径0.7厘米(图一五三,2)。

铜簪 1件。M16:3,残,簪首为圆形,分上下两层,用银丝在圆环内掐成一"福"字,正面錾刻月华锦纹。簪体细长圆柱形。簪首直径2.5、高7.9厘米(图一五四;彩版一一二,2)。

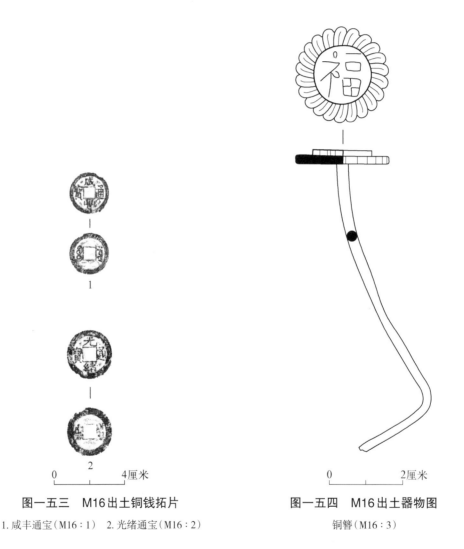

图一五三 M16出土铜钱拓片

1.咸丰通宝(M16:1) 2.光绪通宝(M16:2)

图一五四 M16出土器物图

铜簪(M16:3)

(八)M17

1.墓葬形制与结构

M17西邻M16,开口于②层下,向下打破生土,方向175°。长方形竖穴土圹单棺墓,墓圹长

2.58、宽1、深1.04米。墓圹四壁较整齐,内填深褐色五花土,土质较疏松。墓底置单棺,棺长2.14、宽0.6～0.78、残高0.4、厚0.02～0.08米。棺内墓主人为男性,骨架保存一般,骨架整体长1.66米,头向南,面向不详,仰身直肢葬。骨架胸部置陶瓦1件,腰部出土铜钱2枚(图一五五;彩版一一三)。

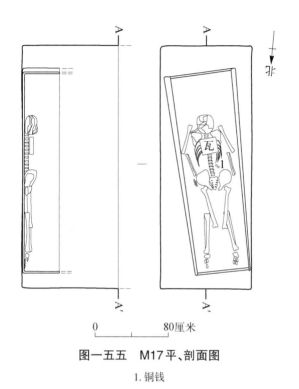

图一五五 M17平、剖面图

1.铜钱

2. 随葬品

铜钱 2枚。标本M17:1,范铸,正面铸"光绪通宝"四字,楷书,对读,背面穿左右铸满文"宝泉"二字,圆形方穿。圆长2.2、方穿0.5厘米(图一五六)。

(九) M18

1.墓葬形制与结构

M18西邻M19,开口于②层下,向下打破生土,方向180°。长方形竖穴土圹单棺墓,墓圹长2.6、宽1.04、深0.76米。墓圹四壁较整齐,墓内填深褐色五花土,土质较疏松。墓底置单棺,棺长1.82、宽0.62～0.88、残高0.25、厚0.02～0.06米。棺内墓主人为男性,骨架保存一般,骨架整体长1.46米,头向南,面向北,仰身屈肢葬(图一五七;彩版一一四,1)。

2. 随葬品

瓷罐 1件。M18:1,轮制,直口,方圆唇,束颈,折肩,直腹弧收,隐形足,平底,罐外施酱釉,露

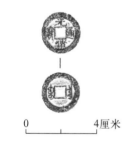

图一五六 M17出土铜钱拓片

光绪通宝(M17:1)

胎,罐内施釉及口沿处,通体素面。口径10、腹径13、底径8.2、高17厘米(图一五八;彩版一一四,2)。

　　铜钱　1枚。M18:2,范铸,圆形,方穿,正面铸有满文"嘉庆通宝"四字,对读,背面左右铸有满文"宝泉"二字。钱径2.7、穿径0.6厘米(图一五九)。

　　料珠　1件。M18:3,残,圆球形,玻璃质,天蓝色,身上饰有蓝色圆点,中心有一穿孔。直径1厘米(图一六〇;彩版一一四,3)。

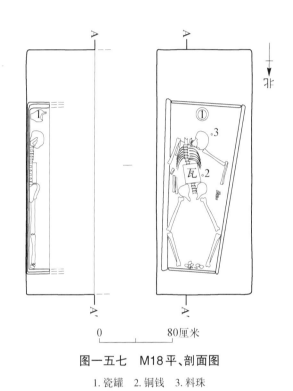

0 _____ 80厘米

图一五七　M18平、剖面图

1. 瓷罐　2. 铜钱　3. 料珠

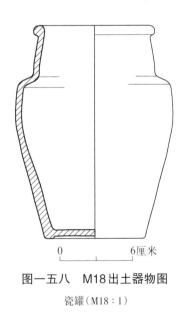

0 _____ 6厘米

图一五八　M18出土器物图

瓷罐(M18:1)

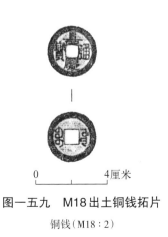

0 _____ 4厘米

图一五九　M18出土铜钱拓片

铜钱(M18:2)

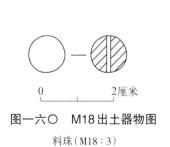

0 _____ 2厘米

图一六〇　M18出土器物图

料珠(M18:3)

（十）M19

1. 墓葬形制与结构

M19西邻M20，开口于②层下，向下打破生土，方向170°。长方形竖穴土圹双棺墓，墓圹长2.86、宽1.88～1.9、深1米。墓圹四壁较整齐，墓内填深褐色五花土，土质较疏松。墓底置双棺，分东棺与西棺，西棺打破东棺，间距0.06～0.12米，西棺高出东棺0.06米。

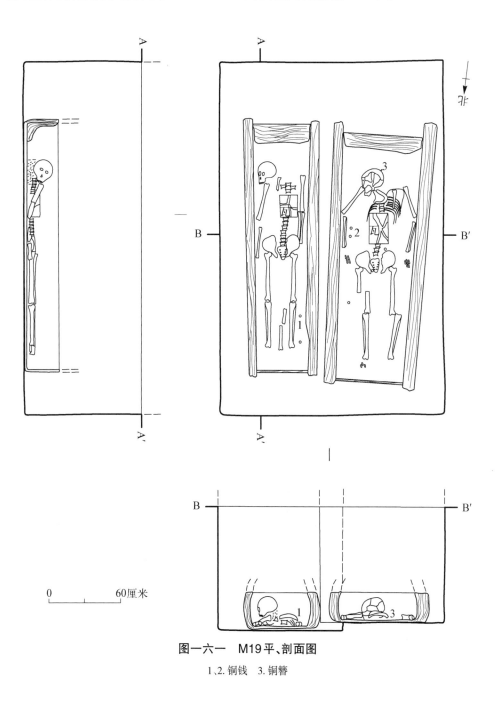

图一六一 M19平、剖面图

1、2. 铜钱 3. 铜簪

东棺长2.1、宽0.58～0.64、残高0.29、厚0.02～0.1米。棺内墓主人为男性,骨架保存一般,骨架整体长1.56米,头向南,面向东,仰身直肢葬。人骨脊椎处出土陶瓦1件,肢骨处出土铜钱3枚。

西棺长2.2、宽0.76～0.88、残高0.24、厚0.02～0.12米。棺内墓主人为女性,骨架保存一般,骨架整体长1.52米,头向南,面向东,仰身直肢葬。棺内人骨脊椎上部出土陶瓦1件,棺内出土铜钱15枚(图一六一;彩版一一五,1)。

2.随葬品

铜钱　18枚。

"道光通宝"铜钱7枚。标本M19∶1,范铸,圆形,方穿,正面铸有楷书"道光通宝"四字,对读,背面左右铸有满文"宝泉"二字。钱径2.6、穿径0.6厘米(图一六二,1)。

"嘉庆通宝"铜钱11枚。标本M19∶2,范铸,圆形,方穿,正面铸有楷书"嘉庆通宝"四字,对读,背面左右铸有满文"宝泉"二字。钱径2.7、穿径0.6厘米(图一六二,2)。

铜簪　1件。M19∶3,残,簪首为圆形,分上下两层,用银丝在圆环内掐成一"寿"字,正面錾刻月华锦纹。簪体细长圆柱形,尾残。簪首直径2.4、残高6厘米(图一六三,彩版一一五,3)。

(十一)M20

1.墓葬形制与结构

M20西邻M19,开口于②层下,向下打破生土,方向185°。长方形竖穴土圹双棺墓,墓圹长2.51、宽1.72～1.78、深1.24米。墓圹四壁较整齐,内填深褐色五花土,土质较疏松。墓底置双棺,分东棺与西棺,西棺打破东棺。

东棺长1.72、宽0.5～0.64、残高0.24、厚0.02米。棺内墓主人为女性,骨架保存凌乱,头向南,面向、葬式不详。

西棺长1.9、宽0.52～0.66、残高0.38、厚0.02米。棺内墓主人为男性,骨架保存一般,头向南,面向东,仰身直肢葬。棺内出土铜钱5枚(图一六四;彩版一一六)。

2.随葬品

铜钱　5枚。标本M20∶1,范铸,正面铸"乾隆通宝"四字,楷书,对读,背面穿左右铸满文"宝泉"二字,圆形方穿。圆长2.4、方穿0.3厘米(图一六五)。

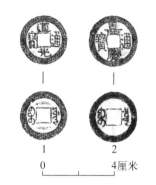

图一六二　M19出土铜钱拓片

1.道光通宝(M19∶1)
2.嘉庆通宝(M19∶2)

图一六三　M19出土器物图

铜簪(M19∶3)

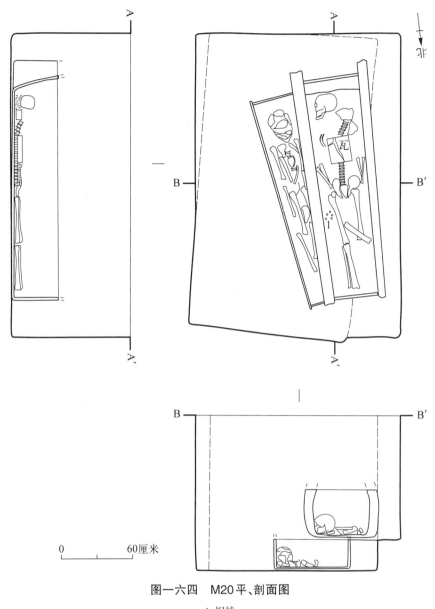

图一六四 M20平、剖面图

1. 铜钱

图一六五 M20出土铜钱拓片

乾隆通宝（M20∶1）

（十二）M21

1. 墓葬形制与结构

M21西邻M20，开口于②层下，向下打破生土，方向265°。长方形竖穴土圹三棺墓，墓圹长3.04、宽2.64、深0.8米。墓圹四壁较整齐，内填深褐色五花土，土质较疏松。墓底置三棺，分北棺、南棺与中棺，北棺打破中棺，中棺打破南棺。

北棺长1.92、宽0.44～0.52、残高0.24、厚0.02米。棺内墓主人为女性，骨架保存一般，头向西，面向不详，仰身直肢葬。棺内出土铜钩1件、铜簪1件、铜钱12枚。

中棺长2.02、宽0.4～0.56、残高0.26、厚0.02～0.04米。棺内墓主人为女性，骨架保存一般，头向西，面向不详，仰身直肢葬。棺内出土铜簪1件、铜扁方2件。

南棺长1.72、宽0.52～0.36、残高0.24、厚0.02米。棺内墓主人为男性，骨架保存一般，头向西，面向不详，仰身直肢葬。棺内出土鼻烟壶1件、铜钱20枚（图一六六；彩版一一七）。

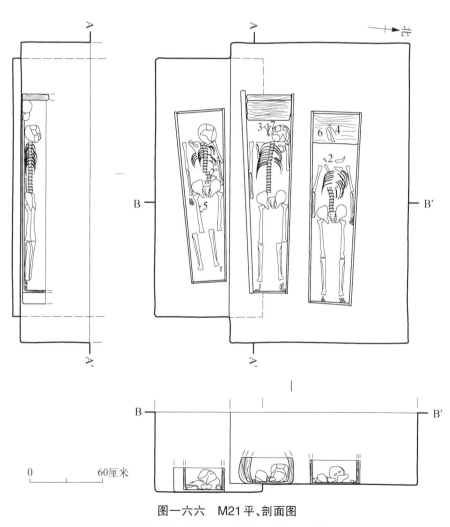

图一六六　M21平、剖面图

1. 鼻烟壶　2、5. 铜钱　3、4. 铜簪　6. 铜钩　7. 铜扁方

2. 随葬品

鼻烟壶　1件,M21:1残,玛瑙质,直径,方口,扁圆形腹,椭圆形,铜质圆形壶盖,器身为开片纹。口径1.8、腹径5.7、底径2.3、通高7.5厘米(图一六七,5;彩版一一八,1)。

铜钱　32枚。

"嘉庆通宝"铜钱12枚。标本M21:2范铸,正面铸"嘉庆通宝"四字,楷书,对读,背面穿左右铸满文"宝泉"二字,圆形方穿。圆长2.5、方穿0.5厘米(图一六八,1)。

"道光通宝"铜钱20枚。标本M21:5,范铸,正面铸"道光通宝"四字,楷书,对读,背面穿左右铸满文"宝泉"二字,圆形方穿。圆长2.6、方穿0.6厘米(图一六八,2)。

铜簪　2件(彩版一一八,2)。

M21:3-1,簪首为圆形,分上下两层,用银丝在圆环内掐成一"寿"字,正面錾刻月华锦纹。簪体细长圆柱形,尾尖。簪首直径2.1、高10.5厘米(图一六七,1)。

M21:3-2,簪首为圆形,分上下两层,用银丝在圆环内掐成一"福"字,正面錾刻月华锦纹。簪体细长圆柱形,尾尖。簪首直径2.2、高11厘米(图一六七,2)。

铜扁方　2件。

M21:4,残,平面呈扁长方体,簪首卷曲两周,簪首阴刻一篆体"寿"字。长15.2、宽1.6、厚

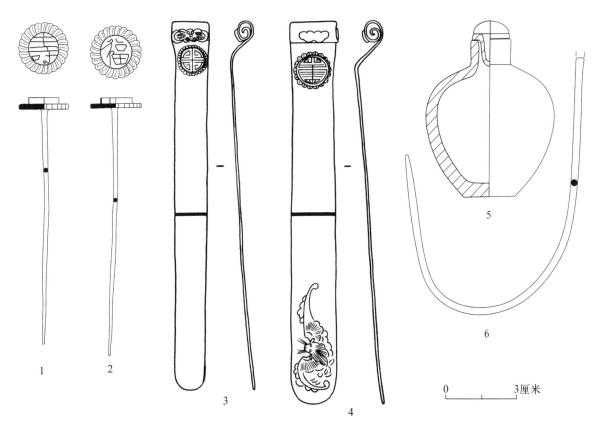

图一六七　M21出土器物图

1、2. 铜簪(M21:3-1、M23:3-2)　3、4. 铜扁方(M21:4、21:7)　5. 鼻烟壶(M21:1)　6. 铜钩(M21:6)

0.1厘米(图一六七,3;彩版一一八,3)。

M21：7,残,平面呈扁长方体,簪首卷曲两周,簪体带有錾刻,已腐蚀模糊不清。长15.8、宽2、厚0.1厘米(图一六七,4;彩版一一八,5)。

铜钩　1件,M21：6,残,似鱼钩状,钩体为圆柱形。宽7.7、高10.9厘米(图一六七,6;彩版一一八,4)。

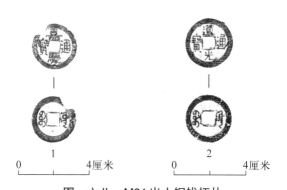

图一六八　M21出土铜钱拓片

1.嘉庆通宝(M21：2)　2.道光通宝(M21：5)

(十三) M22

1.墓葬形制与结构

M22西邻M21,开口于②层下,向下打破生土,方向265°。长方形竖穴土圹双棺墓,墓口距地表0.6米,墓圹长2.54、宽1.66、深0.4米。四壁较整齐,内填深褐色五花土,土质较疏松。墓底置双棺,分南棺与北棺,南棺打破北棺,间距0.08～0.1米,南棺高出北棺0.06米。

北棺长1.82、宽0.46～0.6、残高0.24、厚0.02米。棺内墓主人为女性,骨架保存较差,头向、面向、葬式不详。棺内出土铜簪3件、铜钱10枚。

南棺长1.9、宽0.58～0.7、残高0.19、厚0.02米。棺内墓主人为男性,骨架保存一般,头向西,面向不详,仰身直肢葬(图一六九;彩版一一九)。

2.随葬品

铜钱　10枚。标本M22：1,范铸,正面铸"道光通宝"四字,楷书,对读,背面穿左右铸满文"宝泉"二字,圆形方穿。圆长2.5、方穿0.3厘米(图一七〇)。

铜簪　3件。

M22：2-1簪首为圆形,分上下两层,用银丝在圆环内掐成一"福"字,正面錾刻月华锦纹。簪体细长圆柱形,尾尖。簪首直径2.6、通高12.5厘米(图一七一,1)。

M22：2-2,簪首为圆形,分上下两层,用银丝在圆环内掐成一"寿"字,正面錾刻月华锦纹。簪体细长圆柱形,尾尖。簪首直径2.6、通高12.6厘米(图一七一,2)。

M22：2-3,簪首为圆形镂空,似绣球状,以花瓣纹和小圆珠为饰。簪体细长圆柱形,尾尖。簪首直径1.8、通高11.2厘米(图一七一,3)。

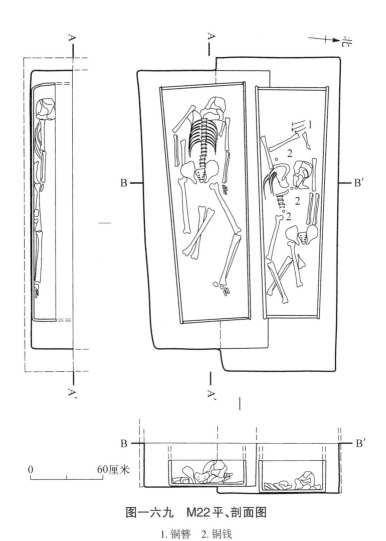

图一六九 M22平、剖面图

1.铜簪 2.铜钱

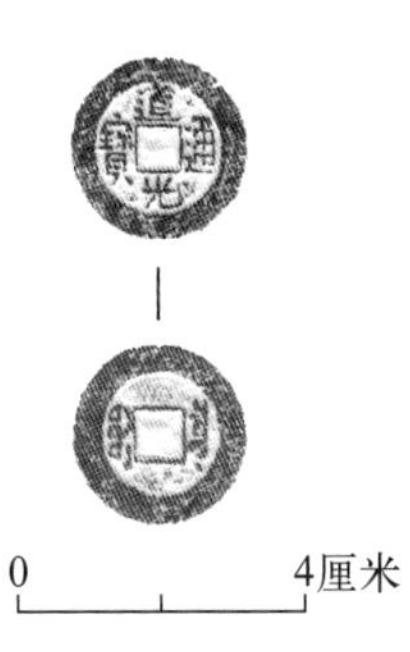

图一七〇 M22出土铜钱拓片

道光通宝（M22：1）

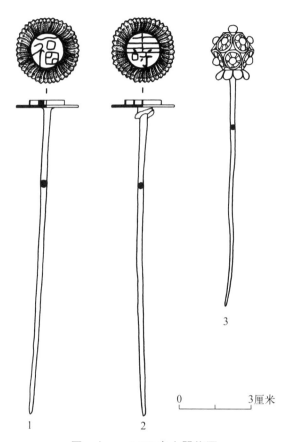

图一七一　M22出土器物图

1～3.铜簪（M22：2-1、M22：2-2、M22：2-3）

（十四）M23

1.墓葬形制与结构

M23北邻G1,开口于②层下,向下打破生土,方向355°。长方形竖穴土圹单棺墓,墓圹长2.68、宽1.42～1.52、深1.06米。墓内四壁较整齐,内填深褐色五花土,土质较疏松。墓底置单棺,棺长1.96、宽0.54～0.7、残高0.24、厚0.02米。棺内未发现墓主人骨架,出土铜钱4枚（图一七二;彩版一二〇）。

2.随葬品

铜钱　4枚。

"乾隆通宝"铜钱3枚。标本M23：1-1,范铸,正面铸"乾隆通宝"四字,楷书,对读,背面穿左右铸满文"宝泉"二字,圆形方穿。圆长2.5、方穿0.5厘米（图一七三,1）。

"康熙通宝"铜钱1枚。M23：1-2,范铸,正面铸"康熙通宝"四字,楷书,对读,背面穿左右铸满文"宝泉"二字,圆形方穿。圆长2.7、方穿0.6厘米（图一七三,2）。

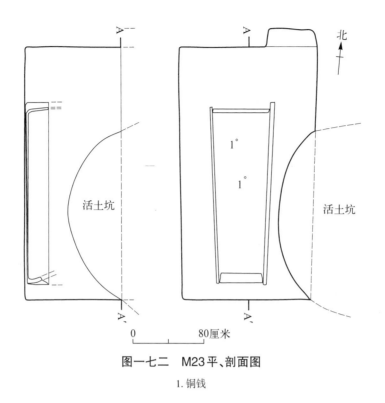

图一七二　M23平、剖面图
1. 铜钱

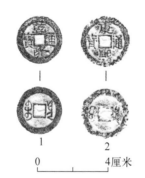

图一七三　M23出土铜钱拓片
1. 乾隆通宝（M23：1-1）　2. 康熙通宝（M23：1-2）

（十五）M24

1. 墓葬形制与结构

M24开口于②层下，向下打破生土，方向290°，长方形竖穴土圹单棺墓，墓圹长2.24、宽1.04、深0.2米。墓内四壁较整齐，填深褐色五花土，土质较疏松。墓底置单棺，棺长1.82、宽0.46～0.6、残高0.2、厚0.02米。棺内墓主人为女性，骨架保存一般，骨架长1.56米，头向西，面向上，仰身直肢葬。棺外西部出土陶罐1件（图一七四；彩版一二一，1）。

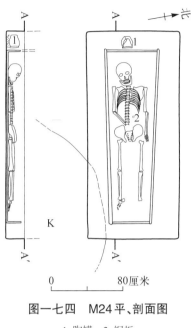

图一七四　M24平、剖面图

1. 陶罐　2. 铜板

2. 随葬品

　　陶罐　1件，M24：1，轮制，泥质灰陶，敞口，方圆唇，平沿，深直腹，平底，底部饰数道旋纹，通体素面。口径10、底径7.6、高9.4厘米（图一七五；彩版一二一，2）。

　　铜板　1枚。M24：2，范铸，正面铸"光绪元宝"四字，楷书，对读，"光绪元宝"周缘有一圈字，因锈蚀严重，字迹模糊，已看不清楚，背面无字，无方穿。圆长3.2厘米（图一七六）。

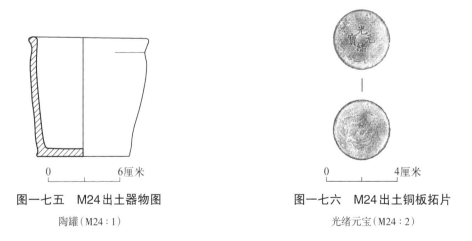

图一七五　M24出土器物图

陶罐（M24：1）

图一七六　M24出土铜板拓片

光绪元宝（M24：2）

（十六）M25

1. 墓葬形制与结构

　　M25东邻M26，开口于②层下，向下打破生土，方向350°。长方形竖穴土圹单棺墓，墓口距地表0.72米，墓圹长2.79、宽1.06～1.08、深1.02米。墓内四壁较整齐，填深褐色五花土，土质较疏松。墓底置单棺,棺长2.06、宽0.68～0.88、残高0.24、厚0.02米。棺内未发现墓主人骨架,仅出土铜钱5枚,棺外北部出土陶罐1件(图一七七;彩版一二二,1)。

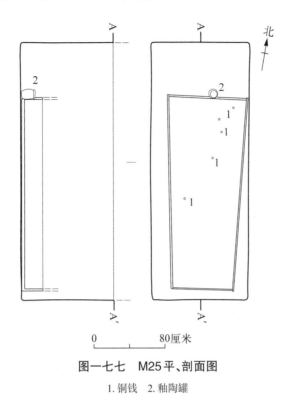

图一七七 M25平、剖面图

1. 铜钱 2. 釉陶罐

2. 随葬品

铜钱 5枚。标本M25:1,范铸,正面铸"顺治通宝"四字,楷书,对读,背面穿左右铸满文"宝泉"二字,圆形方穿。圆长2.6、方穿0.6厘米(图一七八)。

釉陶罐 1件。M25:2,轮制,泥质灰陶,敞口,方唇,溜肩,弧腹,平底,露黄褐色胎,上半部分饰黄釉,夹杂绿釉,内外有明显的修坯旋痕,底部有明显的刮痕。口径10.8、腹径11.2、底径6.8、高12.2厘米(图一七九;彩版一二二,2)。

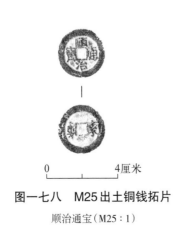

图一七八 M25出土铜钱拓片

顺治通宝(M25:1)

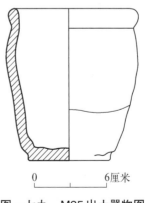

图一七九 M25出土器物图

釉陶罐(M25:2)

（十七）M26

1.墓葬形制与结构

M26西邻M25，开口于②层下，向下打破生土，方向355°。长方形竖穴土圹单棺墓，墓口距地表0.82米，墓圹长2.66、宽0.98、深0.96米。墓内四壁较整齐，填深褐色五花土，土质较疏松。墓底置单棺，棺长2.22、宽0.54～0.58、残高0.45、厚0.02米。棺内未发现墓主人骨架，仅北部出土铜钱4枚、釉陶罐1件（图一八〇；彩版一二三，1）。

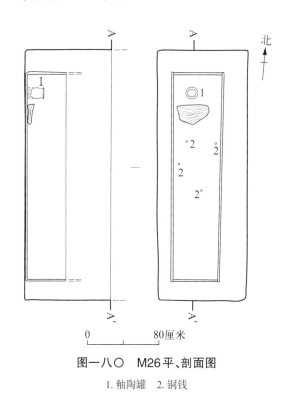

图一八〇　M26平、剖面图

1.釉陶罐　2.铜钱

2.随葬品

釉陶罐　1件。M26：1，轮制，泥质灰陶，敞口，方唇，溜肩，弧腹，平底露黄褐色胎，上半部分饰黄绿釉，内外有明显的修坯旋痕，底部有明显的刮痕。口径10.4、腹径106、底径6.6、高12.1厘米（图一八一；彩版一二三，2）。

铜钱　4枚，标本M26：2，范铸，正面铸"道光通宝"四字，楷书，对读，背面穿左右铸满文"宝泉"二字。圆形方穿。圆长2.6、方穿0.6厘米（图一八二）。

（十八）M27

1.墓葬形制与结构

M27西邻M28，开口于②层下，向下打破生土，方向260°。长方形竖穴土圹双棺墓，墓口距地表0.65米，墓圹长2.73、宽1.82～2、深0.62米。墓内四壁较整齐，填深褐色五花土，土质较疏松。

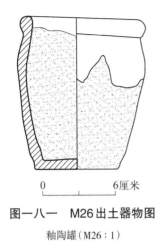

图一八一 M26出土器物图

釉陶罐(M26:1)

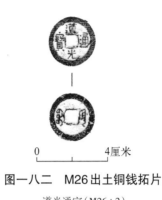

图一八二 M26出土铜钱拓片

道光通宝(M26:2)

墓底置双棺,分南棺与北棺,南棺打破北棺,间距0～0.04米,南棺高出北棺0.04米。

南棺长2.06、宽0.5～0.7、残高0.28、厚0.02米。棺内墓主人为未成年人。骨架保存较差,头向西,面向不详,仰身直肢葬,性别不详。

北棺长2、宽0.52～0.64、残高0.32、厚0.02～0.06米。棺内墓主人为女性,骨架保存较差,头向西,面向西,葬式不详。棺内出土陶罐1件(图一八三;彩版一二四,1)。

2.随葬品

陶罐 1件,M27:1,轮制,泥质灰陶,敞口,圆唇,束颈,折肩,弧腹平底,肩腹部周缘饰三圈凹旋纹,肩部饰一圈刻印花纹,腹部一面饰一枝莲花纹。口径6.8、腹径12.4、底径8.7、高12厘米(图一八四;彩版一二四,2)。

(十九)M28

1.墓葬形制与结构

M28开口于②层下,向下打破生土,方向255°,长方形竖穴土圹双棺墓,墓口距地表0.8米,墓圹长2.44、宽2.1、深0.33米。墓圹四壁较整齐,墓内填土为花土,深褐色,土质较松软。墓底置双棺,分南、北棺,南棺打破北棺。

南棺棺木保存较差,仅剩棺痕,长1.85、宽0.6米。棺内墓主人为男性,骨架保存较好,骨架长1.74米,头向西,仰身直肢葬,棺内出土有铜钱。

北棺棺木保存较差,仅留有棺痕,残长1.9、宽0.6～0.66、厚0.01米。棺内墓主人为女性,骨架保存较差,长1.34米,头向西,面向上,仰身直肢葬。(图一八五;彩版一二五,1)。

2.随葬品

铜簪 4件(彩版一二五,2)。

M28:1,簪首为圆形,分上下两层,用银丝在圆环内掐成一"寿"字,正面錾刻月华锦纹。簪体细长圆柱形,已残。簪首直径2.5、高11.3厘米(图一八六,2)。

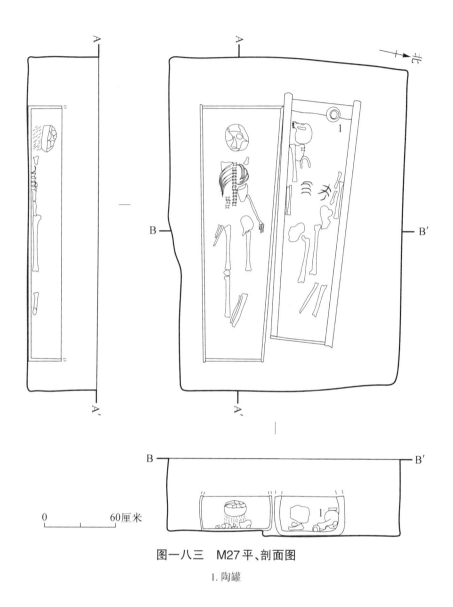

图一八三　M27平、剖面图

1. 陶罐

　　M28：3，簪首为圆形，分上下两层，用银丝在圆环内掐成一"福"字，正面錾刻月华锦纹。簪体细长圆柱形，已残。簪首直径2.5、高11.7厘米（图一八六，1）。

　　M28：4，簪首为圆形镂空，似绣球状，以花瓣纹和小圆珠为饰。簪体细长圆柱形，尾尖。簪首直径1.9、高12.9厘米（图一八六，3）。

　　M28：5，簪首为方球形，有菱形面六面，三角形面八面，錾刻圆弧三角形。交角处铸小圆珠饰。簪体细长圆柱形，尾尖。簪首直径1.7、残高7.2厘米（图一八六，4）。

　　铜钱　1枚。M28：2，范铸，正面铸"嘉庆通宝"四字，楷书，对读，背面穿左右铸满文"宝源"二字，圆形方穿。圆长2.4、方穿0.5厘米（图一八七）。

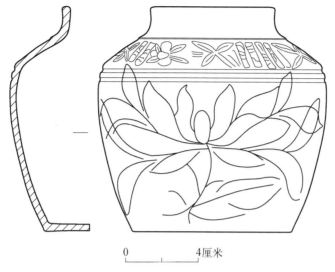

图一八四 M27出土器物图

陶罐(M27:1)

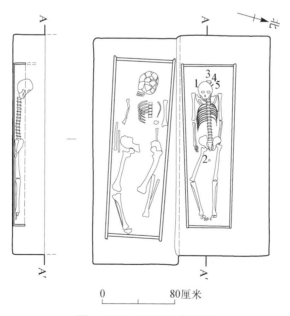

图一八五 M28平、剖面图

1、3～5.铜簪 2.铜钱

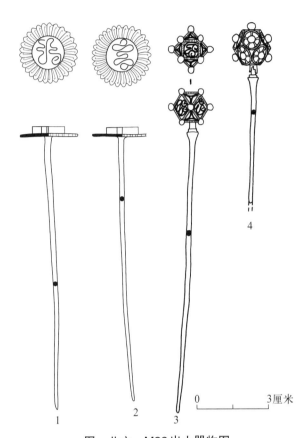

图一八六　M28出土器物图

1～4.铜簪（M28：3、M28：1、M28：4、M28：5）

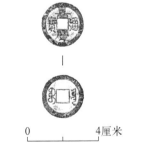

图一八七　M28出土铜钱拓片

嘉庆通宝（M28：1）

（二十）M36

1. 墓葬形制与结构

M36开口于②层下，向下打破生土，方向270°。长方形竖穴土圹双棺墓，墓口距地表0.68米，墓圹长2.74、宽1.78、深0.4米。四壁较整齐，内填深褐色五花土，土质较疏松。墓底置双棺，分南、北馆，北棺打破南棺，北棺比南棺高0.03米，间距0.06～0.12米。

南棺长2.02、宽0.7～0.62、残高0.26米。棺内墓主人为女性，骨架保存较一般，骨架整体长1.7米，头向西，面向南，仰身直肢葬。骨架下铺白灰，厚0.02米。棺内出土铜簪1件、铜钱2枚。

北棺长2.02、宽0.6～0.5、残高0.24米。棺内墓主人为女性，骨架保存一般，骨架整体长1.66米，头向西，面向不详，仰身直肢葬。棺内出土铜簪2件、银耳环1件、铜钱5枚（图一八八；彩版一二六）。

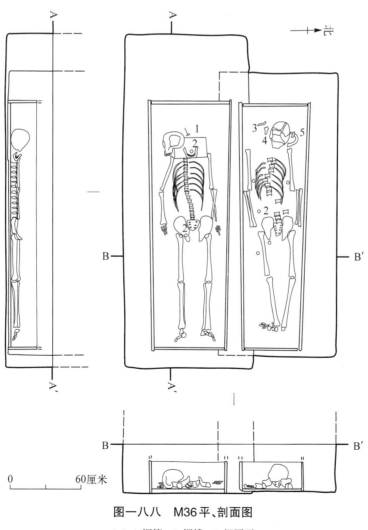

图一八八　M36平、剖面图

1、3、4. 铜簪　2. 铜钱　5. 银耳环

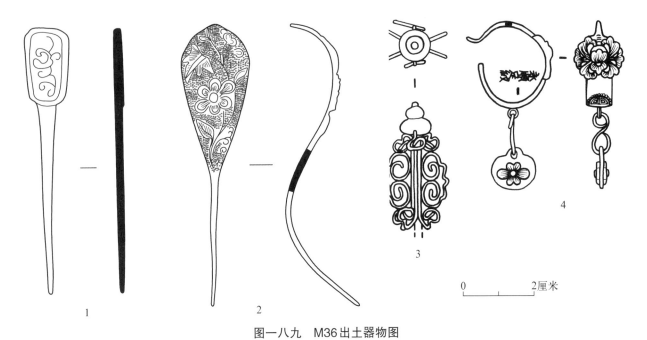

0　　　　　　　2厘米

图一八九　M36出土器物图

1～3.铜簪（M36∶3、M36∶1、M36∶4）　4.银耳环（M36∶5）

2.随葬品

铜簪　3件。

M36∶1，残，器体扁平，中间束腰微弓，一端圆尖微弯，一端圆锥体，尾尖。器体一端錾刻一束折枝花纹。簪首宽1.9、高7.7厘米（图一八九，2；彩版一二七，1）。

M36∶3，残，簪首平面为长方形，簪首錾刻花卉，簪体扁平，尾部呈圆柱形，残断。簪首宽1.2、高7.3厘米（图一八九，1；彩版一二七，3）。

M36∶4，残，簪首为五面禅杖形，杖首呈葫芦状，簪首残断，簪体遗失。簪首宽1.8、残高3.4厘米（图一八九，3；彩版一二七，3）。

铜钱　7枚。标本M36∶2，范铸，正面铸"光绪通宝"四字，楷书，对读，背面穿左右铸满文"宝泉"二字，圆形方穿。圆长2.2、方穿0.5厘米（图一九○）。

银耳环　1件。M36∶5，残，圆环形，正面錾刻镂空花朵状与"寿"字中间焊接一环挂一流苏两面錾刻花朵状。长4.45、宽2.4、面宽1.4厘米（图一八九，4；彩版一二七，4）。

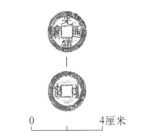

0　　　　　4厘米

图一九○　M36出土铜钱拓片

光绪通宝（M36∶6）

（二十一）M37

1.墓葬形制与结构

M37开口于②层下，向下打破生土，方向16°。长方形竖穴土圹砖室墓，墓口距地表0.75米，墓圹长1.64、宽1.62、深0.59米。墓圹底部置砖砌墓室，墓室顶部为一大块青石板盖顶，石板尺寸长1.66、宽1.06、厚0.12～0.14米。墓室平面呈长方形,周壁砌法为错缝平铺,底部条砖铺墁。底部中央置木棺,棺木已朽。棺内放墓主人骨灰、铜钱3枚和镇墓石1块,四周叠放有层数不等的青砖(图一九一;彩版一二八,一二九,1)。

2. 随葬品

镇墓石 1件。M37∶1,青石质,近椭圆形,边角圆滚,截面扁平。未发现人为加工痕迹,系河床河卵石。长13.9、宽11.5、厚4.3厘米(图一九二;彩版一二九,2)。

铜钱 3枚,标本M37∶2,范铸,正面铸"道光通宝"四字,楷书,对读,背面穿左右铸满文"宝源"二字,圆形方穿。圆长2.6、方穿0.6厘米(图一九三)。

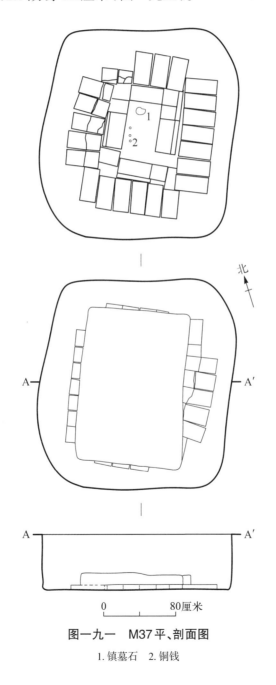

图一九一 M37平、剖面图

1.镇墓石 2.铜钱

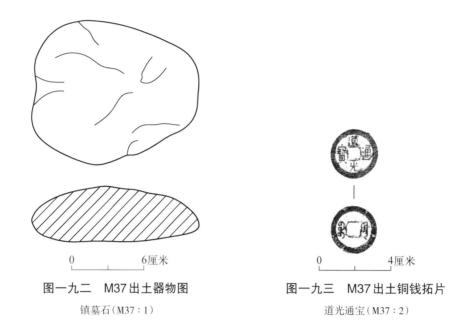

图一九二　M37出土器物图　　　　　　　　图一九三　M37出土铜钱拓片

镇墓石(M37：1)　　　　　　　　　　　道光通宝(M37：2)

（二十二）M39

1.墓葬形制与结构

M39开口于②层下，向下打破生土，方向16°，长方形竖穴土圹双棺墓，墓口距地表0.6米，墓圹长2.58、宽1.8、深0.7米。四壁较整齐，内填深褐色五花土，土质较疏松。墓底置双棺，分东、西棺，西棺打破东棺。

西棺棺痕长2.16、宽0.7～0.62、残高0.46、厚0.02米。棺内墓主人为女性，骨架保存较凌乱，头向北，面向南，葬式不详。

东棺棺痕长2.16、宽0.78～0.7、残高0.46、厚0.02米。棺内墓主人为男性，骨架保存较好，头向北，面向北，仰身直肢葬（图一九四；彩版一三〇，1）。

2.随葬品

瓷罐　1件。M39：1，轮制，敞口，方唇，束颈，溜肩，弧腹，小平底内凹，肩部饰双耳，罐内口沿下饰满釉，罐外饰半釉，露胎。口径8.6、腹径11.2、底径6.6、高10.1厘米（图一九五，1；彩版一三〇，2）。

陶罐　1件。M39：2，轮制，泥质红陶，敞口，方唇，平沿，束颈，溜肩，鼓腹，平底内凹，通体素面。口径6.4、腹径12、底径6.6、高13.2厘米（图一九五，2；彩版一三〇，3）。

（二十三）M57

1.墓葬形制与结构

M57开口于②层下，向下打破生土，方向276°。长方形竖穴土圹双棺墓，墓口距地表0.6米，墓圹长2.44、宽1.5～1.6、深0.6米。墓底置双棺，分南、北棺，棺木已朽，仅存板灰痕迹。

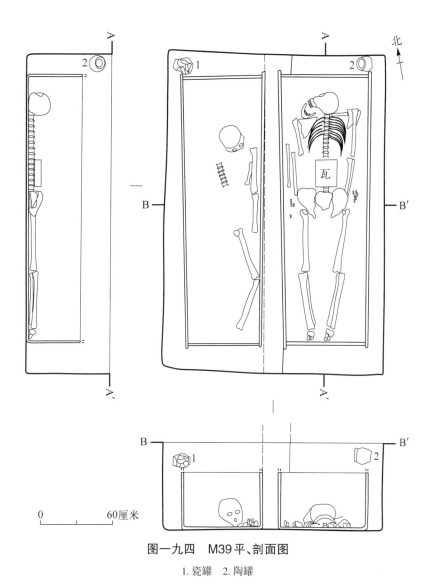

图一九四　M39平、剖面图

1. 瓷罐　2. 陶罐

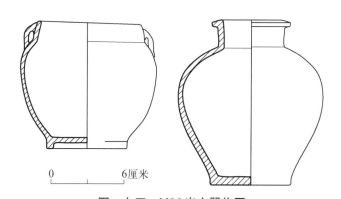

图一九五　M39出土器物图

1. 瓷罐（M39：1）　2. 陶罐（M39：2）

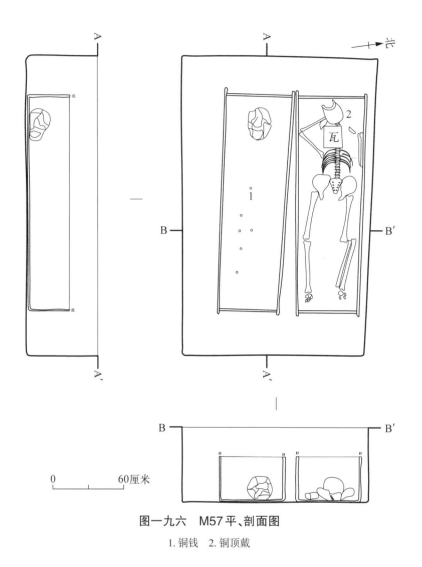

图一九六　M57平、剖面图

1.铜钱　2.铜顶戴

　　南棺长1.74、宽0.5～0.58、残高0.36、厚0.02米。棺内墓主人为女性,骨架保存较差,仅存头骨,头向西,面向、葬式不详。棺内出土铜钱6枚。

　　北棺棺长1.74、宽0.52～0.58、残高0.36、厚0.02米。棺内墓主人为男性,骨架保存一般,头向西,面向不详,仰身直肢葬。人骨胸部放置板瓦1块,头部出土铜顶戴1件(图一九六;彩版一三一,1)。

　　2.随葬品

　　铜钱　6枚。标本M57:1,范铸,正面铸"嘉庆通宝"四字,楷书,对读,背面穿左右铸满文"宝源"二字,圆形方穿。圆长2.4、方穿0.5厘米(图一九七)。

　　铜顶戴　1件。M57:2,残,铜帽顶手工焊接制作,由上下

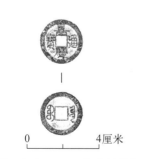

图一九七　M57出土铜钱拓片

嘉庆通宝(M57:1)

两件组成，上为椭圆形铜质"球"形，底部有莲花托螺丝镶嵌于下端"喇叭"形底座中间，底座为网格镂空周缘装饰一组蝙蝠戏缠枝花卉。直径3.6、高7.1厘米（图一九八；彩版一三一，2）。

0　　　　　　2厘米

图一九八　M57出土器物图

铜顶戴（M57：2）

（二十四）M58

1. 墓葬形制与结构

M58开口于②层下，向下打破生土，方向272°。长方形竖穴土圹三棺墓，墓口距地表0.65米，墓圹长3.08、宽2.62、深0.7米。四壁较整齐，内填深褐色五花土，土质较疏松。墓底置三棺，分南、中、北棺，南棺打破中棺，北棺打破中棺。

南棺长2、宽0.42～0.62、残高0.4、厚0.02米。棺内墓主人骨架保存较差，仅存部分肢骨，头向、面向、葬式、性别不详。

北棺长2.04、宽0.58～0.64、残高0.27、厚0.02米。棺内墓主人为女性，骨架保存较差，头向、面向不详，仰身直肢葬。墓主人胸部置板瓦1块。

中棺长2.12、宽0.6～0.7、残高0.4、厚0.02米。棺内墓主人为女性，骨架保存一般，头向西，面向不详，仰身直肢葬（图一九九；彩版一三二，1）。

2. 随葬品

铜钱　12枚。标本M58：1，范铸，正面铸"乾隆通宝"四字，楷书，对读，背面穿左右铸满文"宝泉"二字，圆形方穿。圆长2.2、方穿0.6厘米（图二〇〇）。

铜簪　1件。M58：2，残，簪首为圆形，分上下两层，用银丝在圆环内掐成一"福"字，正面錾刻月华锦纹。簪体细长圆柱形。簪首直径2.5、通长11.1厘米（图二〇一；彩版一三二，2）。

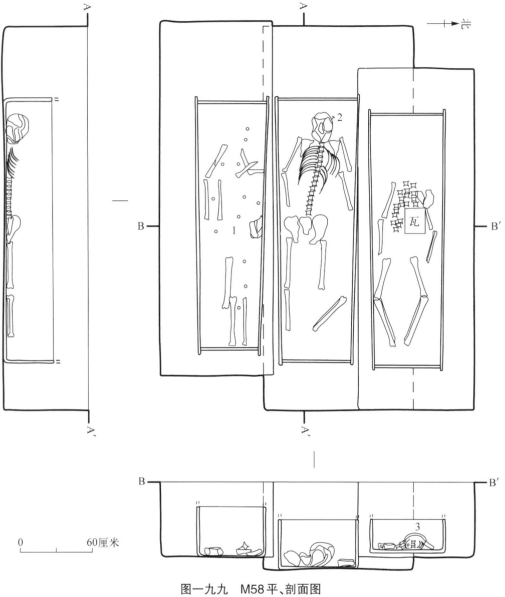

图一九九　M58平、剖面图

1. 铜钱　2. 铜簪

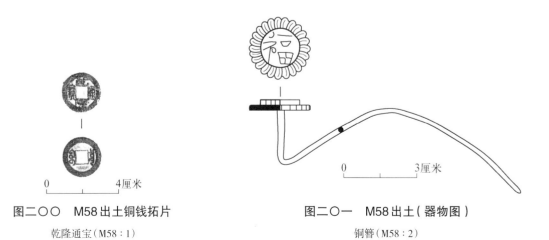

图二〇〇　M58出土铜钱拓片

乾隆通宝（M58：1）

图二〇一　M58出土（器物图）

铜簪（M58：2）

（二十五）M66

1. 墓葬形制与结构

M66开口于②层下，向下打破生土，方向210°。长方形竖穴土圹双棺墓，墓口距地表0.8米，墓圹长3.18、宽2～2.3、深1.5米。墓圹四壁较整齐，内填土为花土，深褐色，土质较松软。墓底置双棺，分东棺、西馆，西棺打破东棺。

西棺棺木保存较好，长2.22、宽0.5、厚0.08米，棺内墓主人为男性，骨架保存较差，骨架长1.12米，头向南，仰身直肢葬。

东棺棺木保存较好，残长2.3、宽0.7、厚0.06米，棺内墓主人为女性，骨架保存较差，残长1.12米，头向南，面向西，仰身直肢葬（图二〇二；彩版一三三，1）。

2. 随葬品

瓷罐 2件。

M66：1，轮制，双系残，敛口，束颈，弧腹，隐圈足，平底黄褐色胎，器身内口沿下部施满釉，外部口沿至腹部施半釉，釉莹润光亮（图二〇三，1；彩版一三三，2）。

M66：3，轮制，敞口，尖唇，束颈，折肩，直腹，平底，颈部至腹部施半釉，底部未施釉。口径10.1厘米，腹径12.6厘米，底径9.2厘、高11.6厘米（图二〇三，2；彩版一三三，3）。

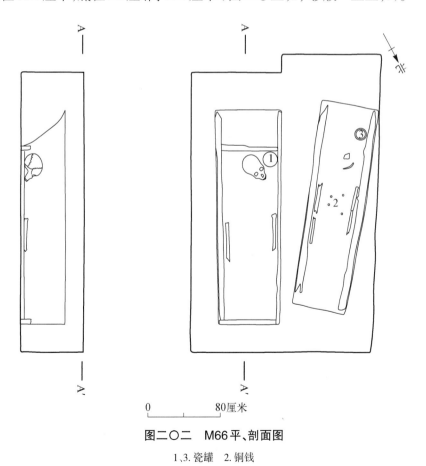

0   80厘米

图二〇二 M66平、剖面图

1、3. 瓷罐 2. 铜钱

铜钱　4枚。标本M66:2,范铸,正面铸"光绪通宝"四字,楷书,对读,背面穿左右铸满文"宝泉"二字,圆形方穿。圆长2.2、方穿0.5厘米(图二〇四)。

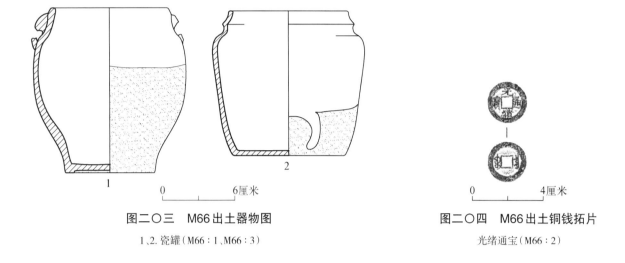

图二〇三　M66出土器物图

1、2. 瓷罐(M66:1、M66:3)

图二〇四　M66出土铜钱拓片

光绪通宝(M66:2)

第六节　时代不明墓葬

(一)M2

1.墓葬形制与结构

M2开口于②层下,叠压于M4之上,向下打破生土,方向10°。长方形竖穴土圹单棺墓,墓口距地表0.4米,墓圹长1.82、宽0.84、深0.2米。墓内填黑褐色五花土,土质较疏松。墓底置单棺,棺木已朽。棺内墓主人为女性,骨架保存较差,分布散乱,头向北,面向、葬式不明(图二〇五;彩版一三四,1)。

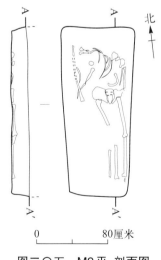

图二〇五　M2平、剖面图

2．随葬品

该墓内未发现随葬品。

（二）M3

1．墓葬形制与结构

M3开口于②层下，叠压于M7之上，向下打破生土，方向320°。长方形竖穴土圹单棺墓，墓口距地表0.3米，长2.48、宽1.04、深0.3米。墓圹内填黑褐色五花土，四壁较整齐。墓底置单棺，棺木已朽，残长2.1、宽0.46～0.66、厚0.02～0.08、残高0.26米。棺内墓主人为女性，骨保存较差，仅存头骨及部分肢骨，头向、面向、葬式不明，骨架下铺有青灰层，厚0.02米（图二〇六；彩版一三四，2）。

2．随葬品

该墓内未发现随葬品。

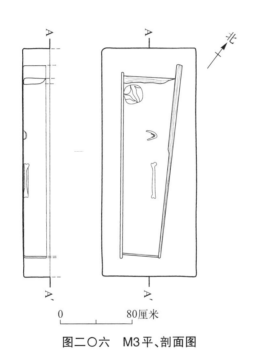

图二〇六　M3平、剖面图

（三）M5

1．墓葬形制与结构

M5南邻M6，开口于②层下，向下打破生土，方向357°。长方形竖穴土圹双棺墓，墓口距地表0.35米，墓圹南北长3.54、东西宽2.84、深1.02米。墓圹四壁较整齐，内填花土，深褐色，土质较松软。墓底置双棺，西棺打破东棺。

西棺棺木保存较好，长2.08、宽0.56～0.74、厚0.08米。棺内墓主人为男性，骨架保存较好，骨架长1.56米，头向北，面向西，仰身直肢葬。

东棺棺木保存较差，仅留有棺痕，残长2.4、宽0.58～0.7、厚0.01米。棺内墓主人为女性，骨

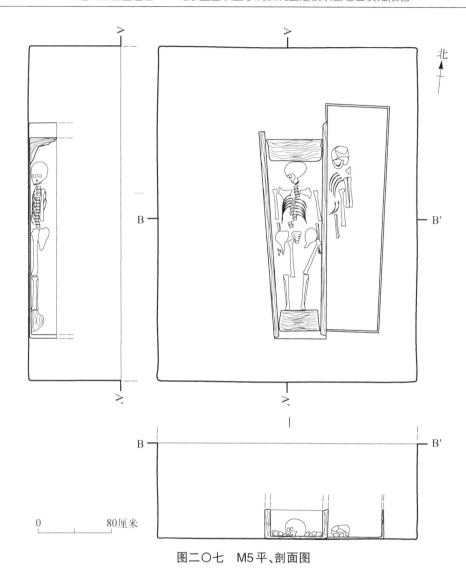

0　　　　　　80厘米

图二〇七　M5平、剖面图

架保存较乱,长0.98米,头向北,面向西(图二〇七;彩版一三五,1)。

2.随葬品

该墓内未发现随葬品。

(四)M40

1.墓葬形制与结构

M40开口于②层下,向下打破生土,方向355°。长方形竖穴土圹单棺墓,墓口距地表0.6米,墓圹长2.4、宽1、深0.7米。四壁较整齐,内填深褐色五花土,土质较疏松。墓底置单棺,木棺已朽,仅存灰痕。棺长2、宽0.78~0.64、残高0.48、厚0.02米。棺内墓主人为女性,骨架保存较差,骨架整体长1.72米,头向北,面向不详,仰身直肢葬(图二〇八;彩版一三五,2)。

2.随葬品

该墓内未发现随葬品。

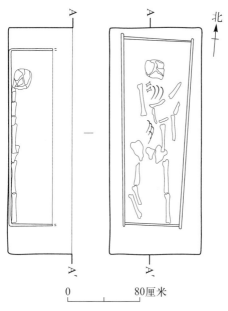

图二〇八 M40平、剖面图

（五）M64

1. 墓葬形制与结构

M64开口于②层下，向下打破生土，方向10°。长方形竖穴土圹单棺墓，墓口距地表0.6米，墓圹长2.26、宽0.94、深1.08米。四壁较整齐，内填深褐色五花土，土质较疏松。墓底置单棺，棺长1.78、宽0.38～0.62、残高0.28、厚0.02米。棺内墓主人骨架保存一般，骨架整体长1.7米。头向北，面向上，性别男，仰身直肢葬。骨架胸部置板瓦1块（图二〇九；彩版一三六，1）。

2. 随葬品

该墓内未发现随葬品。

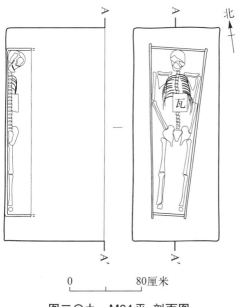

图二〇九 M64平、剖面图

（六）M65

1. 墓葬形制与结构

M65开口于②层下，向下打破生土，方向285°。长方形竖穴土圹双棺墓，墓口距地表0.65米，墓圹长2.93、宽1.66、深0.5米。四壁较整齐，内填深褐色五花土，土质较疏松。墓底置双棺，分南、北棺，南棺打破北棺，间距0.06～0.1米，南棺高出北棺0.26米。

南棺长2.12、宽0.5～0.62、残高0.3、厚0.02米。棺内墓主人为女性，骨架保存一般，头向西，面向北，仰身直肢葬。

北棺长2.14、宽0.6～0.54、残高0.56、厚0.02米。棺内墓主人为男性，骨架保存较差，头向西，面向不详，仰身直肢葬。骨架胸部置板瓦1块（图二一〇；彩版一三六，2）。

2. 随葬品

该墓内未发现随葬品。

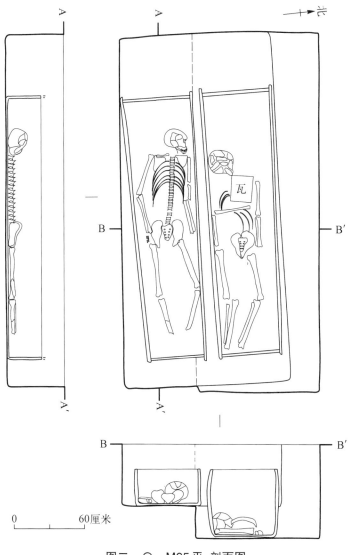

图二一〇　M65平、剖面图

第四章 结 语

第一节 遗址综合分析

东汉灰坑4座,即H1、H15、H16、H17。辽代灰坑29座,即H2、H3、H4、H5、H6、H7、H8、H9、H11、H12、H13、H14、H18、H19、H20、H21、H22、H23、H24、H25、H26、H27、H28、H29、H30、H31、H32、H33、H34。灰坑内包含物并不丰富,大部分灰坑底部有一层淤积土(泥、沙)层,其用途推测为蓄水的水窖。

清代灰坑1座,即H10。灰坑出土的经幢表明,这里曾修建过一座佛教寺院——佑国禅寺。据嘉靖二十八年(1549)《通州志略》载:佑国禅寺"在县城西门外,习仪之所。僧会司在在焉"[1]。康熙三十六年(1697)的《通州志》又载:"佑国寺,在西门外,朝贺习仪处。"[2]乾隆四十八年(1783)的《通州志》中记述得更为详尽:

> 佑国寺,在州南漷县西门外,元初建,历久坍废,仅存基址。国朝乾隆四十二年,驻漷州判龙文鏚捐俸倡修,并漷邑士民公捐重建大殿三间,殿后土房三间。召僧住持,寺有古石,云在土中。州判龙文鏚得之,今重立寺中。石床各面有大篆回回字,不可辨。其楷书云:大朝中都漷阴县佑国禅寺西堂谦公和尚师怀州,东徐间人也,俗姓刘氏,幼岁出家,礼到河南西平县灵岩亨讲主为师,于少林木庵处得法师、法嗣三人:净禅师、锦禅师、融禅师,七住大刹仁山、仰山、归仪荐福、怀州百岩、甘泉、佑国两处,奉圣旨住持,何也?甘泉、佑国屯寺耡盖方丈云堂、僧房、厨房大小三十余间,重修佛殿、脊檐在安东吻,又泥壁室诸处。兴盖极多,利济后人,以屯种种殊勋,资严先师光严报土。至元八年上元日,提点义正监寺福洪维那圆亮直岁即和小师圆孝,住持传法嗣祖比邱圆融立石,翟庆泉刊。按:此就石刻缮出,字或有讹。[3]

① 杨行中纂:《(嘉靖)通州志略·卷十二·业纪志·寺观》,《通州方志集成》,北京联合出版公司,2017年,第494页。
② 吴存礼修,陆茂腾纂:《(康熙)通州志·卷二·建置志·祠庙·附漷县寺庙庵观》,哈佛大学汉和图书馆藏清康熙刻本,第28页。
③ 高天凤修,金梅纂:《(乾隆)通州志·卷二·建置志·寺观庵堂》,哈佛大学汉和图书馆藏清乾隆刻本,第39页。

《（道光）漷阴志略》则云：

> 佑国甘泉寺，在县西门外，久废，仅存基址。乾隆四十二年，漷州判龙文鏸倡建大殿三间，
> 土房三间，召僧住持，其地曲水平桥，渔村柳岸，颇具江乡景状。建寺时于土中得石幢一，高可
> 三尺，其上范梵书经文，下截楷书题识云：大朝中都漷阴县佑国禅寺西堂谦公和尚师怀州，东
> 徐间人也，俗姓刘氏，幼岁出家，礼到河南西平县灵岩亨讲主为师，于少林木庵处得法师、法嗣
> 三人：净禅师、锦禅师、融禅师，七住大刹仁山、仰山、归仪荐福、怀州百岩、甘泉、佑国两处，奉
> 圣旨住持，何也？甘泉、佑国屯寺籾盖方丈云堂、僧房、厨房大小三十余间，重修佛殿、脊檐在
> 安东吻，又泥壁室诸处。兴盖极多，利济后人，以屯种种殊勋，资严先师光严报土。至元八年
> 上元日，提点义正监寺福洪维那圆亮直岁即和小师圆孝，住持传法嗣祖比邱圆融立石，翟庆泉
> 刊。案：佑国寺《旧志》称始于辽，据不幢知寺亦久废，至元间重为兴建耳。此幢疑即谦公之
> 塔，志文虽艰涩，得明兹寺之缘起，今作石座重立于大殿之右。有古井甚甘冽，故名。[①]

佑国禅寺始建年代不详，依经幢上的铭文可知不晚于辽代；元代至元八年（1271年）重建，
后毁；清乾隆四十二年（1777年）再次重建，道光之后再毁，遂荒废。志书中有关于经幢文字的录
文，可补今日经幢文字（即铭文6）之阙。

第二节　墓葬综合分析

一、西晋墓葬分析

西晋墓共4座，分别为M31、M67、M68、M69。墓葬依形制可分为2型。

A型：甲字形单室墓，1座，即M31。

B型：刀型单室墓，3座，分别为M67、M68、M69。

北京地区发现不少西晋墓，如海淀八里庄魏晋墓[②]，海淀景王坟M1、M2[③]，石景山华芳墓[④]，
石景山老山晋墓[⑤]，顺义大营村晋墓[⑥]，房山小十三里晋墓[⑦]，昌平沙河晋墓[⑧]，密云大唐庄晋墓[⑨]，
延庆东王化营魏晋十六国墓[⑩]等。其中，M31与孟津三十里铺M117相近；M67、M68、M69与大营

---

① 管庭芳纂：《（道光）漷阴志略·寺观》，《通州方志集成》，北京联合出版公司，2017年，第359、360页。
② 胡传耸：《北京地区魏晋北朝墓葬述论》，《文物春秋》2010年第3期。
③ 北京市文物工作队：《北京西郊发现两座西晋墓》，《考古》1964年第4期。
④ 北京市文物工作队：《北京西郊西晋王浚妻华芳墓清理简报》，《文物》1965年第12期。
⑤ 王武钰：《石景山老山西晋墓》，《中国考古学年鉴（1984）》，文物出版社，1984年，第73页。
⑥ 北京市文物工作队：《北京市顺义县大营村西晋墓葬发掘简报》，《文物》1983年第10期。
⑦ 胡传耸：《北京地区魏晋北朝墓葬述论》，《文物春秋》2010年第3期。
⑧ 北京市文物研究所：《北京市昌平区沙河镇西晋墓葬发掘简报》，《北京文博》2010年第3期。
⑨ 胡传耸：《北京地区魏晋北朝墓葬述论》，《文物春秋》2010年第3期。
⑩ 北京市文物研究所：《延庆县东王化营魏晋十六国墓葬发掘报告》，《北京考古（第二辑）》，燕山出版社，2008
　　年，第120～127页。

村 M7 相近。关于魏晋墓的研究成果颇丰[1]，学界普遍认为，长斜坡墓道、砖砌长方形单室墓是西晋时期最流行的墓葬形制。因此，这 3 座墓葬的时代当为西晋时期，遗憾的是，墓葬中没有出土随葬品。

二、唐代墓葬分析

唐代墓葬共 2 座，分别为 M41、M63。

墓葬形制方面，2 座均为砖椁墓，墓葬平面呈梯形，叠涩顶（立砖斜置交叉封顶），墓主人头向均向南方，随葬器物均放置于墓主人头顶上方的砖椁（墓室）外侧。这类墓葬至迟北朝时期便已出现，如北京房山南正北魏皇兴三年（469 年）黄鉴墓[2]、太和十一年（487 年）墓[3]、石景山八宝山北魏熙平元年（516 年）墓[4]、大兴三合庄东魏元象二年（539 年）韩显度墓[5]、大兴北程庄 M23[6] 等，至唐代延而不废，如大兴北程庄 M24、M45、M46[7]。

出土器物方面，M63 出土瓷碗与大兴枣园路 M22[8] 相近。

三、辽代墓葬分析

辽代墓葬共 28 座，分别为 M1、M10、M11、M13、M29、M30、M32、M33、M34、M35、M38、M42、M43、M44、M45、M46、M47、M48、M49、M50、M51、M52、M53、M54、M55、M59、M61、M62。

依墓葬形制可分为 4 种类型。

A 型：甲字形竖穴土圹砖室墓，共 15 座。分别为 M1（绍圣 1094 年）、M10（天禧 1017 年）、M11（元丰 1078 年）、M13（圣宋 1101 年）、M29（绍圣 1094 年）、M30（景祐 1034 年）、M34、M35、M42、M43、M44、M52、M53（景德 1004 年）、M54、M55。墓室平面呈圆形，墓室内北部设棺床，墓主人均为火葬。这些墓葬为北京地区典型的辽墓，与大兴北程庄[9]，密云大唐庄 M18、M58、M64[10]，先农坛辽墓[11]，亦庄 80 号地 M68[12]，龙泉务 M1、M22[13]，大兴小营 M24、M25[14] 等辽墓墓葬形制相近。少

① 刘斌《洛阳地区西晋墓葬研究——兼谈晋制及其影响》,《考古》2012 年 4 期；倪润安：《北京石景山八角村魏晋墓的年代及墓主问题》,《故宫博物院院刊》2012 年第 3 期；齐东方：《中国古代丧葬中的晋制》,《考古学报》2015 年第 3 期；张小舟：《北方地区魏晋十六国墓葬的分区与分期》,《考古学报》1987 年第 1 期。
② 北京市文物研究所：《岩上墓葬区考古发掘报告》,《北京段考古报告集》,科学出版社,2008 年。
③ 北京市文物研究所：《岩上墓葬区考古发掘报告》,《北京段考古报告集》,科学出版社,2008 年。
④ 董坤玉：《北京考古史·魏晋南北朝隋唐卷》,上海古籍出版社,第 38 页。
⑤ 北京市文物研究所：《北京市大兴区三合庄东魏韩显度墓》,《考古》2019 年第 9 期。
⑥ 北京市文物研究所：《大兴北程庄墓地》,科学出版社,2010 年,第 11 页。
⑦ 北京市文物研究所：《大兴北程庄墓地》,科学出版社,2010 年,第 13、18、21 页。
⑧ 北京市文物研究所：《小营与西红门》,上海古籍出版社,2018 年,第 15 页。
⑨ 北京市文物研究所：《大兴北程庄》,科学出版社,2010 年,第 24 页。
⑩ 北京市文物研究所：《密云大唐庄》,上海古籍出版社,2010 年,第 103、107 页。
⑪ 马希桂：《北京先农坛辽墓》,《文物》1977 年第 11 期。
⑫ 北京市文物研究所：《北京亦庄考古发掘报告》,科学出版社,2009 年。
⑬ 北京市文物研究所：《北京龙泉务辽金墓葬发掘报告》科学出版社,2009 年。
⑭ 北京市文物研究所：《小营与西红门》,上海古籍出版社,2018 年。

数墓葬墓室内尚存砖仿木结构装饰，如M54、M56东壁上可见"一桌二椅"。

M1、M10、M11、M13、M29、M30、M53等墓中出土有北宋（960～1127年）铜钱，其年代大概在辽代（907～1125年）中晚期。

M34出土铜钵与密云大唐庄M15∶24相似。

M35出土陶罐与大兴北程庄M41∶15类似。

白瓷净瓶（M29∶2、M30∶19）与北京顺义辽净光舍利塔塔基内出土净瓶[1]，河北净众院、静志寺两座宋代塔基[2]中出土的净瓶形制类似，为北宋、辽时期器物[3]；出土铜钱则以北宋钱为大宗，未见南宋钱。M29出土北宋铜钱中以"绍圣元宝"时代最晚（1094～1098年），故该墓葬当为辽代晚期。M30以"景祐元宝"时代最晚，故该墓葬应属辽代中期。北京地区白瓷净瓶出土数量较少，就发表材料看仅在顺义辽净光舍利塔基遗址[4]、密云冶仙塔遗址[5]有出土。

净瓶又称军持，源于印度，是一种日常生活用器，也是僧人云游时随身携带的用来饮水的必需品，随佛教一同传入中国。它的功能从隋唐时期作为僧尼蓄水器演变为北宋时期的佛教法器，再演变为南宋、元之后的寻常百姓用器，它的功能经历了专用化到世俗化。因此，本次发掘对研究辽代通州地区的佛教文化以及丧葬习俗具有重要意义。

B型：小型火葬墓，共10座。分别为M32、M33、M38、M45、M46、M47、M48、M49、M50、M51。墓室采用青砖砌筑，规模很小，里面仅放置墓主人骨灰和少量随葬品。与密云大唐庄M69，大兴北程庄[6]相似。

M45、M46出土"元丰通宝"，因而墓葬时代不早于1078年。

M50出土瓷碗的器形与西黑山M46∶2类似，但并非金代常见的芒口瓷器。

C型：竖穴土坑砖室墓，共1座。分别为M59。

M59出土"祥符通宝"，系北宋（960～1127年）真宗大中祥符年间（1008～1016年）所铸。该墓的墓葬形制在北京大兴医学科学院墓地[7]也有相近者，时代为金，推测为金代沿用了该类墓葬形制。

D型：竖穴土坑墓，共2座。分别为M61、M62。墓葬均为火葬，墓圹四壁红烧土明显，底部可见木炭和骨灰。

四、金代墓葬分析

金代墓葬共4座，分别为M9、M12、M56、M60，依墓葬形制可分为2种类型。

① 北京市文物工作队：《顺义县辽净光舍利塔基清理简报》，《文物》1964年第8期。
② 定县博物馆：《河北定县发现两座宋代塔基》，《文物》1972年第8期。
③ 李晓霞：《军持的型式分析与年代分期》，《东方考古（第14辑）》，科学出版社，2018年；丁鹏勃、夏德美：《军持源流考》，《中国历史文物》2007年第1期。
④ 北京市文物工作队：《顺义县辽净光舍利塔基清理简报》，《文物》1964年第8期。
⑤ 王有泉：《北京密云冶仙塔塔基清理简报》，《文物》1994年第2期。
⑥ 北京市文物研究所：《大兴北程庄》，科学出版社，2010年，第24页。
⑦ 北京市文物研究所：《大兴古墓葬考古发掘报告集》，科学出版社，2020年，第213页。

A型：小型火葬墓1座，M9。墓中出土有"绍圣元宝"，即北宋哲宗绍圣元年（1094年）所铸铜钱；"元祐通宝"，即北宋哲宗赵煦元祐年间（1086～1093年）所铸铜钱；以及"正隆元宝"。"正隆"是金代（1115～1234年）海陵王完颜亮的第三个年号，海陵王使用正隆这个年号一共六年，即1156～1161年。正隆元宝是金代最早的金属铸币，铸于金代海陵王正隆二年（1157年）。由此可知，M9不早于正隆二年（1157年），属金代早期墓葬。

B型：甲字形竖穴土坑砖室墓3座。M12墓室平面呈圆形，火葬墓。墓中出土瓷碗（M12∶10）1件，碗内底饰暗刻双鱼戏水花纹，双鱼纹为金代典型装饰纹样。M56出土瓷碗、瓷盘，与龙泉务M19[①]、北京先农坛金墓[②]所出相似，瓷碗与大唐庄M12∶11相近。M60出土瓷罐与徐水西黑山M1∶2[③]相似。

五、清代墓葬分析

清代墓葬共25座，分别为M4（乾隆）、M6（咸丰）、M7（乾隆）、M8（咸丰）、M14（咸丰）、M15（咸丰）、M16（光绪）、M17（光绪）、M18（嘉庆）、M19（道光）、M20（乾隆）、M21（道光）、M22（道光）、M23（乾隆）、M24（光绪）、M25（顺治）、M26（道光）、M27、M28（嘉庆）、M36（光绪）、M37（道光）、M39（未知）、M57（嘉庆）、M58（乾隆）、M66（光绪）。依墓葬形制可分为4种类型。

A型：竖穴土圹单棺墓，共7座，分别为M14、M17、M18、M23、M25、M26、M28。

B型：竖穴土圹双棺墓，共14座，分别为M4、M7、M8、M15、M16、M19、M20、M22、M24、M27、M36、M39、M57、M66。

C型：竖穴土圹多棺墓，共3座，分别为M6、M21、M58。

D型：竖穴土圹砖砌火葬墓，1座，即M37。

清代墓葬从随葬器物，特别是铜钱推断，以乾隆朝及以后的墓葬为主。

六、时代不明墓葬分析

另外，还有6座墓葬，即M2、M3、M5、M40、M64、M65没有发现随葬品，从墓葬形制也无法判别其时代，故单独归类为时代不明墓葬。

---

① 北京市文物研究所：《北京龙泉务辽金墓葬发掘报告》，科学出版社，2009年，第252页。

② 马希桂：《北京先农坛金墓》，《考古》1977年第11期。

③ 河北省文物局等：《徐水西黑山》，文物出版社，2007年，第20页。

附录一：墓葬登记表

一、西晋墓登记表

序号	墓号	层位	方向	墓葬形制	墓葬尺寸			葬具	墓主性别	头向	葬式	随葬品
					长	宽	高					
1	M31	④层下	170°	甲字形砖室墓	6.41	1.55~1.88	1.41	不详	2男2女	不详	不详	无
2	M67	④层下	214°	刀型砖室墓	7.74	1.1~2.4	0.6	不详	不详	不详	不详	无
3	M68	④层下	206°	刀形砖室墓	8	1.3~2.9	0.8	不详	不详	不详	不详	五铢钱1
4	M69	④层下	210°	刀形砖室墓	6	0.6~2.2	0.82	不详	不详	不详	不详	无

二、唐墓登记表

序号	墓号	层位	方向	墓葬形制	墓葬尺寸			葬具	墓主性别	头向	葬式	随葬品
					长	宽	高					
1	M41	③层下	170°	船形砖室墓	2.85	0.7~1	0.34	不详	男	南	仰身直肢	陶盏1，陶盆1，开元通宝1
2	M63	③层下	170°	梯形砖室墓	2.44	0.82~0.92	0.55	不详		南	仰身直肢	瓷碗1

三、辽墓登记表

序号	墓号	层位	方向	墓葬形制	墓葬尺寸			葬具	墓主性别	头向	葬式	随葬品
					长	宽	高					
1	M1	③层下	185°	甲字形砖室墓	4.64	2.88	0.68	不详	不详	不详	不详	陶簋1，绍圣元宝1
2	M10	③层下	160°	甲字形砖室墓	3.86	2.86	0.71	不详	不详	不详	不详	陶杯3，天禧通宝1

续表

序号	墓号	层位	方向	墓葬形制	墓葬尺寸 长	宽	高	葬具	墓主性别	头向	葬式	随葬品
3	M11	③层下	195°	甲字形砖室墓	5.98	2.58	0.5	不详	不详	不详	不详	陶盆3，陶罐2，陶杯1，天圣通宝1，元丰通宝1
4	M13	③层下	196°	甲字形砖室墓	5.73	3.32	0.48	不详	不详	不详	不详	陶瓶1，陶熨斗1，陶杯3，陶罐4，三足盘2，陶盘1，陶盏1，陶盆2，圣宋通宝1
5	M29	③层下	199°	甲字形砖室墓	5.98	4.12	0.68	不详	不详	不详	不详	瓷罐1，白瓷净瓶1，白瓷盘2，陶桶1，陶盆1，陶簸箕1，陶杯1，铜镜1，白瓷碗1，陶熨斗1，陶盘1，开元通宝1，咸平元宝1，天圣元宝1，绍圣元宝1，元丰通宝1，熙宁元宝1，绍圣元宝1，天禧通宝1
6	M30	③层下	202°	甲字形砖室墓	5.02	3.15	0.61	不详	不详	不详	不详	白瓷碗2，白瓷盘2，陶盏1，陶罐1，三足盘2，陶甑1，陶簸箕1，陶盆3，陶熨斗1，陶桶1，陶勺1，瓷杯1，白瓷盖1，白瓷净瓶1，开元通宝1，景佑元宝1
7	M32	③层下	86°	小型砖室墓	1.98	1.64	0.54	不详	不详	不详	不详	无
8	M33	③层下	258°	小型砖室墓	2.71	1.42	0.1	不详	不详	不详	不详	无
9	M34	③层下	165°	甲字形砖室墓	5.82	3.64	0.9	不详	不详	不详	不详	铜钵1，鸡腿瓶1
10	M35	③层下	165°	甲字形砖室墓	5.02	3.48	0.6	不详	不详	不详	不详	陶罐1，陶碗1，瓷碗1
11	M38	③层下	78°	小型砖室墓	1.98	1.16~1.28	0.52	不详	不详	不详	不详	
12	M42	③层下	200°	小型砖室墓	2.38	2.06	0.2	不详	不详	不详	不详	无
13	M43	③层下	170°	甲字形砖室墓	3.84	2.95	0.84	不详	不详	不详	不详	无

续表

序号	墓号	层位	方向	墓葬形制	墓葬尺寸 长	宽	高	葬具	墓主性别	头向	葬式	随葬品
14	M44	③层下	186°	甲字形砖室墓	2.16	2	0.8	不详	不详	不详	不详	陶剪1、陶甄1、陶罐4、陶盘1、陶器1、陶熨斗1、陶罐2、陶碗4、陶盏2、陶杯1、陶盆1、陶勺1、陶执壶1
15	M45	③层下	260°	小型砖室墓	1.8	1.4	0.7	不详	不详	不详	不详	元丰通宝1、开元通宝1
16	M46	③层下	90°	小型砖室墓	2.02	1.43	0.52	不详	不详	不详	不详	元丰通宝1
17	M47	③层下	90°	小型砖室墓	1.54	1.28	0.74	不详	不详	不详	不详	陶盆2
18	M48	③层下	80°	小型砖室墓	2.43	1.4	0.74	不详	不详	不详	不详	铜钱2（已锈蚀）
19	M49	③层下	270°	小型砖室墓	2.54	1.83	0.65	不详	不详	不详	不详	石棺1
20	M50	③层下	0°	小型砖室墓	1.18	1.22	0.2	不详	不详	不详	不详	陶盆1、瓷碗1
21	M51	③层下	105°	小型砖室墓	1.3	1.2	0.5	不详	不详	不详	不详	无
22	M52	③层下	184°	甲字形砖室墓	3.81	2.8	0.58	不详	不详	不详	不详	陶勺1、陶罐2、陶杯1、三足盘2、陶碗2、陶盏1、陶盆1、陶盘1
23	M53	③层下	187°	甲字形砖室墓	3.66	2.59	0.6	不详	不详	不详	不详	景德元宝1、开元通宝1、陶罐1
24	M54	③层下	187°	甲字形砖室墓	4.15	2.98	0.8	不详	不详	不详	不详	陶罐2
25	M55	③层下	170°	甲字形砖室墓	5.08	2.68	0.6	不详	不详	不详	不详	陶罐6、陶盘1、陶釜甑1、瓷盘1、陶盆1、陶连甄2、陶熨斗1、开元通宝1、陶盏3
26	M59	③层下	162°	梯形砖室墓	2.88	0.55~0.74	0.7	不详	不详	南	不详	瓷罐1、铁器1、祥符通宝1、铜钗1
27	M61	③层下	175°	竖穴土圹墓	2.24	0.52~0.68	0.4	不详	不详	不详	不详	陶罐1
28	M62	③层下	165°	竖穴土圹墓	1.92	0.4~0.52	0.36	不详	不详	不详	不详	无

四、金墓登记表

序号	墓号	层位	方向	墓葬形制	墓葬尺寸			葬具	墓主性别	头向	葬式	随葬品
					长	宽	高					
1	M9	③层下	85°	小型砖室墓	2.49	1.48	0.5	木棺	不详	不详	不详	正隆元宝8，绍圣元宝12，元祐通宝20，镇墓石3
2	M12	③层下	190°	甲字形砖室墓	4.46	2.84	0.96	不详	不详	不详	不详	镇墓石1，陶杯1，陶盆2，陶壶1，陶盏1，陶镟篹1，陶罐1，瓷碗1
3	M56	③层下	175°	长方形砖室墓	2.94	1.82	0.6	不详	不详	不详	不详	瓷碗1，瓷盏1
4	M60	③层下	180°	小型砖室墓	2.76	1.1~2.28	0.86	不详	不详	南	仰身直肢	瓷罐1

五、清代墓葬登记表

序号	墓号	层位	方向	墓葬形制	墓葬尺寸			葬具	墓主性别	头向	葬式	随葬品
					长	宽	高					
1	M4	②层下	358°	长方形竖穴土圹墓	2.55	1.54	0.52	双棺	2女	不详	不详	铜簪5、乾隆通宝2
2	M6	②层下	327°	长方形竖穴土圹墓	2.94	2.82	0.5	三棺	女（东） 女（中） 男（西）	北 北 北	仰身直肢 仰身直肢 仰身直肢	铜簪3、陶罐1、咸丰重宝2
3	M7	②层下	325°	长方形竖穴土圹墓	2.96	1.94~1.98	0.58	双棺	不详（东） 男（西）	不详 北	不详 仰身直肢	乾隆通宝5、铜簪1
4	M8	②层下	345°	长方形竖穴土圹墓	2.52	1.92~1.96	0.4	双棺	男（东） 女（西）	不详 北	仰身直肢 仰身直肢	元丰通宝1、咸丰通宝1、铜簪3、银耳环2

续表

序号	墓号	层位	方向	墓葬形制	长	宽	高	葬具	墓主性别	头向	葬式	随葬品
5	M14	②层下	195°	长方形竖穴土圹墓	2.2	0.96	0.34	单棺	男	南	仰身直肢	咸丰通宝1
6	M15	②层下	190°	长方形竖穴土圹墓	2.61	1.54~1.84	0.86	双棺	男（东）	南	仰身直肢	咸丰重宝1、道光通宝1
									女（西）	南	仰身直肢	
7	M16	②层下	182°	长方形竖穴土圹墓	2.58	1.6~1.76	0.7	双棺	女（东）	南	仰身直肢	咸丰通宝5、光绪通宝3、铜簪1
									男（西）	南	不详	
8	M17	②层下	175°	长方形竖穴土圹墓	2.58	1	1.04	单棺	男	南	仰身曲肢	光绪通宝2
9	M18	②层下	180°	长方形竖穴土圹墓	2.6	1.04	0.76	单棺	男	南	仰身曲肢	瓷罐1、嘉庆通宝1、料珠1
10	M19	②层下	170°	长方形竖穴土圹墓	2.86	1.88~1.9	1	双棺	男（东）	南	仰身直肢	道光通宝7、嘉庆通宝11、铜簪1
									女（西）	南	仰身直肢	
11	M20	②层下	185°	长方形竖穴土圹墓	2.51	1.72~1.78	1.24	双棺	女（东）	南	不详	乾隆通宝5
									男（西）	南	仰身直肢	
12	M21	②层下	265°	长方形竖穴土圹墓	3.04	2.64	0.8	三棺	女（北）	西	仰身直肢	鼻烟壶1、嘉庆通宝12、铜簪2、铜扁方2、道光通宝20、鎏铜钩1
									女（中）	西	仰身直肢	
									男（南）	西	仰身直肢	
13	M22	②层下	265°	长方形竖穴土圹墓	2.54	1.66	0.4	双棺	女（北）	不详	不详	道光通宝10、铜簪3
									男（南）	西	仰身直肢	

续表

序号	墓号	层位	方向	墓葬形制	墓葬尺寸 长	墓葬尺寸 宽	墓葬尺寸 高	葬具	墓主性别	头向	葬式	随葬品
14	M23	②层下	355°	长方形竖穴土坑墓	2.68	1.42~1.52	1.06	单棺	不详	不详	不详	乾隆通宝3、康熙通宝1
15	M24	②层下	290°	长方形竖穴土坑墓	2.24	1.04	0.2	单棺	女	西	仰身直肢	陶罐1、光绪元宝1
16	M25	②层下	350°	长方形竖穴土坑墓	2.79	1.06~1.08	1.02	单棺	不详	不详	不详	顺治通宝5、釉陶罐1
17	M26	②层下	355°	长方形竖穴土坑墓	2.66	0.98	0.96	单棺	不详	不详	不详	釉陶罐1、道光通宝4
18	M27	②层下	260°	长方形竖穴土坑墓	2.73	1.82~2	0.62	双棺	不详（南）/女（北）	西/西	仰身直肢/不详	陶罐1
19	M28	②层下	255°	长方形竖穴土坑墓	2.44	2.1	0.33	双棺	男（南）/女（北）	西/西	仰身直肢/仰身直肢	铜簪4、嘉庆通宝1
20	M36	②层下	270°	长方形竖穴土坑墓	2.74	1.78	0.4	双棺	女（南）/女（北）	西/西	仰身直肢/仰身直肢	铜簪3、光绪通宝7、银耳环1
21	M37	②层下	16°	长方形竖穴土坑墓	1.64	1.62	0.59	单棺	火葬	不详	不详	镇墓石1、道光通宝3
22	M39	②层下	16°	长方形竖穴土坑墓	2.58	1.8	0.7	双棺	女（西）/男（东）	北/北	不详/仰身直肢	瓷罐1、陶罐1
23	M57	②层下	276°	长方形竖穴土坑墓	2.44	1.5~1.6	0.6	双棺	女（南）/男（北）	西/西	不详/仰身直肢	嘉庆通宝6、铜顶戴1

续表

序号	墓号	层位	方向	墓葬形制	长	宽	高	葬具	墓主性别	头向	葬式	随葬品
24	M58	②层下	272°	长方形竖穴土圹墓	3.08	2.62	0.7	三棺	不详(南) 女(北) 女(中) 男(西) 女(东)	不详 不详 西 南 南	不详 仰身直肢 仰身直肢 仰身直肢 仰身直肢	乾隆通宝12、铜簪1
25	M66	②层下	210°	长方形竖穴土圹墓	3.18	2～2.3	1.5	双棺				瓷罐2、光绪通宝4

六、时代不明墓葬登记表

序号	墓号	层位	方向	墓葬形制	长	宽	高	葬具	墓主性别	头向	葬式	随葬品
1	M2	②层下	10°	长方形竖穴土圹墓	1.8	0.84	0.2	单棺	女	北	不详	无
2	M3	②层下	320°	长方形竖穴土圹墓	2.46	1.04	0.3	单棺	女	不详	不详	无
3	M5	②层下	357°	长方形竖穴土圹墓	3.5	2.8	1.35	双棺	男(西) 女(东)	北 北	仰身直肢 不详	道光通宝
4	M40	②层下	355°	长方形竖穴土圹墓	2.4	1.0	0.7	单棺	女	北	仰身直肢	无
5	M64	②层下	10°	长方形竖穴土圹墓	2.26	0.94	1.08	单棺	男	北	仰身直肢	无
6	M65	②层下	8°	长方形竖穴土圹墓	2.92	1.66	0.5	双棺	女(南) 男(北)	西 西	仰身直肢 仰身直肢	无

附录二：人骨鉴定表

中国社会科学院考古研究所　王明辉

墓号	位置	性别	年龄	备　注
M2		女性	25~30岁	严重的牙周炎，从小骑马，有骑马的痕迹，椎骨轻度增生（跟骑马有关）
M3		女性	成年	可能有脑膜炎
M4	西棺	女性	25岁±	尖下巴，严重的牙周炎，M3萌出，牙齿磨耗0~1级，肢骨纤细
M4	东棺	女性	40岁±	身高1.5米左右，严重的牙周炎，龋齿，腰椎开始增生
M5	西棺	男性	50~60岁	卵圆形颏，高颅，高面狭面，高眶阔鼻，生前肌肉发达，骨质疏松，胸椎、腰椎增生，部分产生连桥，牙周炎，齿槽脓肿，龋齿，头部有不明显的打击痕迹
M5	东棺	女性	30~35岁	牙齿磨耗2级，颅缝未愈合，骨密度大
M6	东棺	男性	45岁±	牙结石，肌肉一般
M6	中棺	女性	30岁±	龋齿，牙齿磨耗1级，颅缝开始愈合
M7	西棺	女性	40~45岁	上肢肌肉比下肢肌肉发达，椎骨轻度增生
M7	西棺	男性	35岁±	身高1.6米左右，颅缝没有愈合，尖下颌
M8	东棺	女性	30~40岁	从小骑马，有骑马痕迹，尖下颌，严重的牙周炎，牙齿脱落，牙结石，龋齿，牙齿磨耗2~3级
M8	西棺	男性	45~50岁	盆骨男性化，头骨略呈女性化，牙齿脱落，牙周炎，牙结石，腰椎骨质增生严重，牙齿磨耗3~4级，颅缝大部分愈合
M14		男性	30~40岁	生前肌肉发达，牙周炎，下颌牙齿脱落，腰椎间盘发炎，后纵韧带炎症，腰椎轻度增生

续表

墓号	位置	性别	年龄	备　　注
M15	东棺	男性	40岁±	牙齿磨耗3级，颅骨缝没愈合
	西棺	女性	28~30岁	牙齿磨耗1~2级
M16	东棺	男性	40岁±	骨骼粗壮，生前肌肉发达，颅骨大部分愈合，牙齿磨耗3级
	西棺	女性	40岁±	颅骨缝部分愈合，牙齿磨耗3~4级
M17		男性	30~40岁	身高1.8米，生前肌肉发达
M18		男性	25~30岁	颅骨缝部分愈合，骨密度一级，M3萌出，牙齿磨耗1级
M19	东棺	男性	45~50岁	本地人特征，长颅、高颅、颅宽中等，高面狭面、高眶狭鼻，牙周炎、齿槽脓肿，颅骨大部分愈合，牙齿磨耗4级，生前肌肉发达，椎骨有增生，肌炎骨化
	西棺	女性	45~50岁	牙周炎，龋齿，胸椎、腰椎有增生，牙齿磨耗4级，颅骨缝愈合
M20	东棺	女性	35岁±	牙齿磨耗2~3级，开始增生
	西棺	男性	50岁±	肌肉不发达，骨质疏松，腰椎增生，颅骨缝部分愈合，牙齿磨耗4级
	南棺	男性	40岁±	枕骨呈男性，肢骨呈女性化，牙齿磨耗3~4级，颅骨缝没有完全愈合，轻度增生
M21	中棺	女性	30~40岁	盆骨女性化，牙齿磨耗1~2级
	北棺	女性	20~22岁	肢骨，下颌呈女性化，M3萌出
M22	北棺	女性	50~60岁	腰椎增生，颅骨缝没有完全愈合，牙齿磨耗4级，骨密度3级
	南棺	男性	30~40岁	牙周炎严重，骨密度1级，有轻度增生
M24		女性	25~30岁	牙齿磨耗1~2级，颅骨缝没有愈合，没有增生
	北棺	女性		本地人特征，牙周炎，颅骨部分愈合，牙齿磨耗3级，肌肉不发达，腰椎增生严重
M27	南棺		12岁±	未成年，性别不明，肢骨缝未愈合，身高1.3~1.4米

续表

墓号	位置	性别	年龄	备注
M31	前室①	男性	60岁±	北方血统，长颅中长颅形，颅宽，面高，颅高中等，面宽中等，严重的牙周炎，上下颌牙齿脱落，残牙磨耗4级，颅骨缝愈合，骨密度差
M31	前室②	女性	中年	偏本地人，长颅高颅，颅宽中等，面高，面宽中等，牙周炎严重，上颌牙齿脱落，颅骨缝未愈合，骨密度差
M31	前室③	男性	40岁±	圆颅，高颅，颅宽中等，高眶高面狭鼻，部分颅缝愈合，牙齿磨耗3～4级，肢骨粗壮，骨密度1级
M31	后室④	女性	40岁±	偏本地人，圆颅，高颅，颅宽中等，高面高眶狭鼻，颅骨部分愈合，牙齿磨耗3～4级，严重龋齿
M36	北棺	男性	17～19岁	股骨头愈合，股骨头下端未愈合，牙齿未磨耗
M36	南棺	女性	20～22岁	肢骨缝愈合，M3萌出
M39	东棺	男性	50岁±	西北人特征，长颅，高颅，狭颅，高眶高面狭鼻，面宽中等，脚跟骨增生，髋骨增生，严重肩周炎，牙齿磨耗4级，颅骨缝大部分愈合
M39	西棺	女性	45～50岁	长颅，高颅，狭颅，牙周炎，龋齿，颅缝未愈合，骨密度2级
M40		女性	23～25岁	刚长智齿，M3萌出，髂嵴刚愈合
M41		男性	35～40岁	牙齿磨耗4级，颅骨缝未完全愈合，上肢比较粗壮，骨密度1级，没有明显增生

附录三：通州潞县翟各庄遗址出土炭化植物遗存鉴定报告

北京市考古研究院　金和天

　　2019年，北京市考古研究院在通州区潞县镇翟各庄遗址考古发掘过程中，针对灰坑H17进行了植物考古采样工作，采集土壤样品29升。采样之后在现场利用水桶进行浮选，获得干燥样品若干，并将样品带回实验室进行鉴定。

一、鉴定结果

　　本次鉴定了浮选样品中的20份，共发现炭化植物籽粒11 018粒，分别属于14个种属。遗址内还发现零星炭化籽粒碎片，但这些碎片无法找到鉴定要点，故将其归为"未知"，未计入本次鉴定报告。

　　粟（*Setaria italica*）出土4 365粒。出土粟籽粒全部炭化，大部分完整，有或者无内稃、外稃。无内稃、外稃的籽粒表面亚光，呈圆形或椭圆形，上下两端圆钝。胚部位于籽粒基部，开口空缺，胚部长度超过籽粒长度的二分之一（图一）。

　　黍（*Panicum miliaceum*）出土6粒。出土黍籽粒全部炭化，大部分完整，有或者无内稃、外稃。无内稃、外稃的籽粒表面亚光，呈圆球形或椭圆球形。胚部位于基部，开口空缺。胚部长度小于籽粒长度的二分之一（图二）。

　　小麦（*Triticum aestivum*）出土3粒。出土小麦籽粒全部炭化，大部分完整，无内稃、外稃，表面亚光，呈不对称的椭圆形，顶部和基部圆钝，籽粒宽度最大值位于近基部三分之处。胚部缺失，空缺呈半圆形，位于基部（图三）。

　　水稻（*Oryza sativa*）出土3粒。出土水稻籽粒全部炭化，大部分完整，无内稃、外稃。籽粒表面亚光，呈长椭圆形，背部和腹部扁，表面有两条纵棱。横切面呈椭圆形，隐约可见六条棱，胚生在底端的一侧，不对称（图四）。

　　大豆（*Glycine max*）出土6 255粒。出土大豆籽粒全部炭化，大部分完整，部分籽粒碎裂成单片子叶，且有若干籽粒烧结成块的现象。炭化籽粒表面亚光，呈长椭圆形，种脐在籽粒中上部。炭化籽粒内的油脂因火烧产生细小的孔洞，孔洞分布在籽粒表面（图五）。

赤豆（*Vigna angularis*）出土221粒。出土赤豆籽粒全部炭化，大部分完整，部分籽粒碎裂成单片子叶。炭化籽粒表面亚光，呈肾形，两端稍平，种脐狭长（图六）。

豌豆（*Pisum sativum*）出土1粒。出土豌豆籽粒炭化，完整，表面亚光，呈扁圆球形，种脐较短（图七）。

稗（*Echinochloa sp.*）出土79粒。出土稗籽粒全部炭化，大部分完整，有或者无内稃、外稃。无内稃、外稃的籽粒表面亚光，呈扁长圆形，背部隆起、腹部平坦，胚部成长椭圆形，长度超过籽粒长度的二分之一（图八）。

狗尾草（*Setairaviridis*）出土59粒。出土狗尾草籽粒全部炭化，大部分完整，有或者无内稃、外稃。无内稃、外稃的籽粒表面亚光，呈梭形，背部拱起、腹部平坦，两端稍尖，胚部较细长，超过籽粒长度的二分之一（图九）。

金色狗尾草（*Setaria pumila*）出土9粒。出土金色狗尾草籽粒全部炭化，大部分完整，有或者无内稃、外稃。无内稃、外稃的籽粒表面亚光，呈梭形，胚部长。残存外稃的籽粒表面有明显横条纹（图一〇）。

马唐（*Digitaria sanguinalis*）出土8粒。出土马唐籽粒全部炭化，大部分完整，无内稃、外稃。籽粒表面亚光，呈细长的椭圆形，顶端尖。胚部位于底端，胚长为籽粒长度的五分之二（图一一）。

藜（*Chenopodium album*）出土3粒。出土藜籽粒呈双透镜形，表面光亮或亚光，种脐在顶部凹陷处。（图一二）

苍耳（*Xanthium strumarium*）出土4粒。出土苍耳瘦果炭化，呈梭形，表面坚硬、有细直刺（图一三）

锦葵（*Malva cathayensis*）出土2粒。出土锦葵籽粒炭化，呈肾形（图一四）。

二、讨论

通州潞县翟各庄遗址出土农作物包括粟、黍、小麦、水稻、大豆、赤豆和豌豆等7种，总计10 854粒。粟和大豆出土数量极大，为农作物数量中的大宗。粟、黍、大豆、赤豆和豌豆等属于旱作农业作物，旱作农产品在遗址的饮食中占据主要位置。遗址同时出土的狗尾草、金色狗尾草和马唐属于旱田杂草，推测遗址周边有旱作农业。不可忽略的是，遗址还出土了少量水稻，可见居民的饮食消费中还存在部分水田作物。

结合碳十四测年的结果（译见附录四）可知，通州潞县翟各庄遗址在东汉末年居民的饮食习惯也是稻旱混杂的模式，居民对豆类植物蛋白的大量摄取也是食谱中的重要一环。

附图

0　　　2毫米	0　　　2毫米	0　　　2毫米
图一　粟	图二　黍	图三　小麦
0　　　2毫米	0　　　2毫米	0　　　2毫米
图四　水稻	图五　大豆	图六　赤豆
0　　　2毫米	0　　　2毫米	0　　　2毫米
图七　豌豆	图八　稗	图九　狗尾草

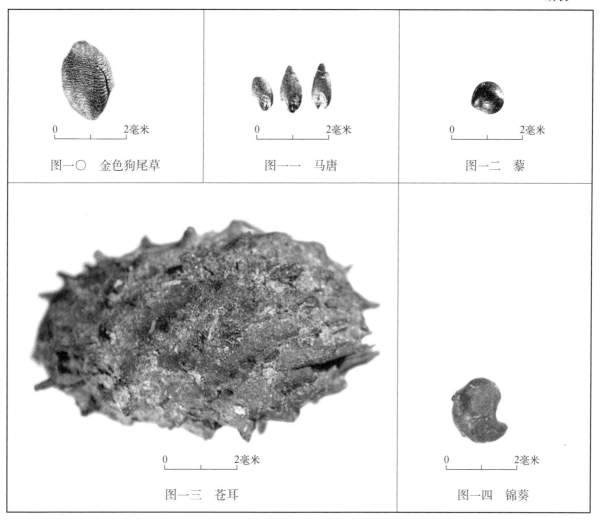

图一〇　金色狗尾草

图一一　马唐

图一二　藜

图一三　苍耳

图一四　锦葵

附录四：加速器质谱（AMS）碳—14测试报告

送样单位 北京市考古研究院　　　　送样人 金和天　　　　测定日期 2023-11

Lab编号	样品原编号	样品物质	出土地点	碳十四年代（BP）	校正后日历年代	
					1σ（68.3%）	2σ（95.4%）
BA231238	TZH17	稗	潞县	1895±20	122AD（48.2%）172AD 182AD（20.0%）203AD	80AD（7.5%）99AD 108AD（88.0%）214AD
BA231239	TZH17	大豆	潞县	1820±20	210AD（68.3%）247AD	133AD（0.8%）140AD 160AD（4.8%）190AD 200AD（74.9%）254AD 286AD（14.9%）324AD
BA231240	TZH17	大豆	潞县	1830±20	205AD（68.3%）245AD	129AD（91.8%）250AD 296AD（3.7%）310AD
BA231241	TZH17	稗	潞县	1820±20	210AD（68.3%）247AD	133AD（0.8%）140AD 160AD（4.8%）190AD 200AD（74.9%）254AD 286AD（14.9%）324AD
BA231242	TZH17	粟	潞县	1775±25	244AD（14.1%）255AD 285AD（54.1%）326AD	220AD（27.1%）265AD 272AD（68.4%）350AD

注：　所用碳十四半衰期为5 568年，碳十四年代BP为距1950年的年代。
　　　样品无法满足实验需要，即有如下原因：送测样品无测量物质；样品成分无法满足制样需要；样品中碳含量不能满足测量需要。
　　　树轮校正所用曲线为IntCal20 atmospheric curve (Reimer et al 2020)，所用程序为OxCal v4.4.4 Bronk Ramsey (2021)。

1.　Reimer, P., Austin, W., Bard, E., Bayliss, A., Blackwell, P., Bronk Ramsey, C., Butzin, M., Cheng, H., Edwards, R., Friedrich, M., Grootes, P., Guilderson, T., Hajdas, I., Heaton, T., Hogg, A., Hughen, K., Kromer, B., Manning, S., Muscheler, R., Palmer, J., Pearson, C., van der Plicht, J., Reimer, R., Richards, D., Scott, E., Southon, J., Turney, C., Wacker, L., Adolphi, F., Büntgen, U., Capano, M., Fahrni, S., Fogtmann-Schulz, A., Friedrich, R., Köhler, P., Kudsk, S., Miyake, F., Olsen, J., Reinig, F., Sakamoto, M., Sookdeo, A., & Talamo, S. (2020). The IntCal20 Northern Hemisphere radiocarbon age calibration curve (0–55 cal kBP). *Radiocarbon, 62*.

2.　Bronk Ramsey, C. (2009). Bayesian analysis of radiocarbon dates. *Radiocarbon, 51* (1), 337–360.

3.　Christopher Bronk Ramsey (2021), https://c14.arch.ox.ac.uk/oxcalhelp/hlp_contents.html

北京大学考古文博学院
碳十四年代实验室
数据审核：吴小红
2023/11/17

H1 发掘场景

1. H15 发掘场景

2. H15 出土器物

1. 近景

2. 全景

H16 发掘场景

1. 陶罐（H16∶1）

2. 陶纺轮（H16∶2）

3. 陶纺轮（H16∶3）

4. 陶罐（H16∶4）

5. 陶釜（H16∶5）

6. 陶釜（H16∶6）

H16 出土器物

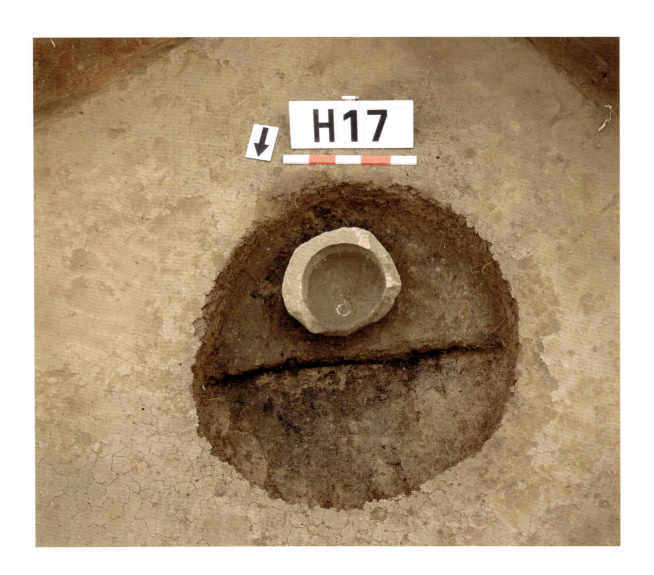

H17 发掘场景

H2 发掘场景

H3 发掘场景

1. H4 发掘场景

2. 陶盆（H4：1）

H4

H5 发掘场景

1. H6 发掘场景

2. 陶罐（H6：1）

H6

H7 发掘场景

H8 发掘场景

1. H9 发掘场景

2. 陶杯（H9：1）

H9

H11 发掘场景

H12 发掘场景

H13 发掘场景

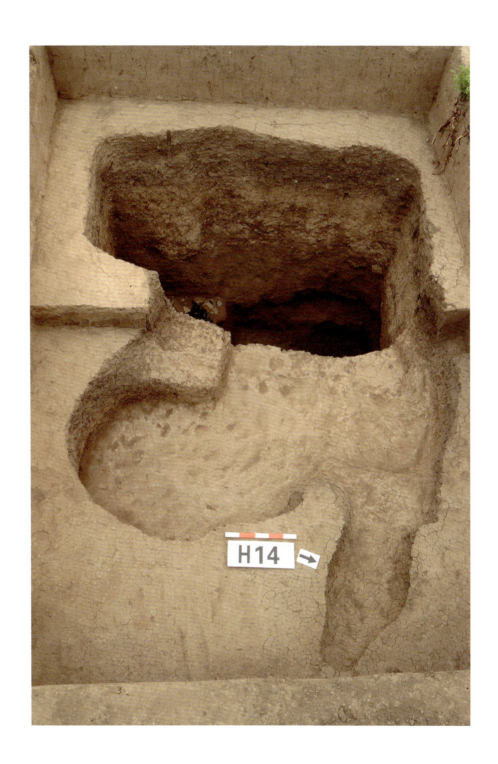

H14 发掘场景

H18 发掘场景

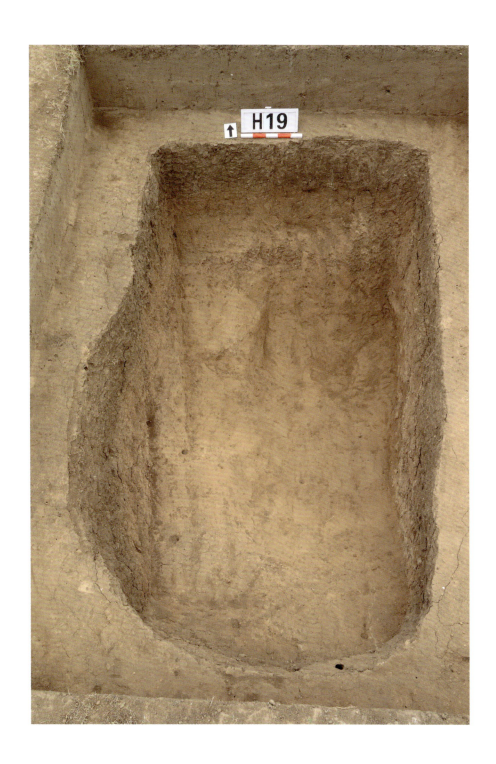

H19 发掘场景

H20 发掘场景

H21 发掘场景

H22 发掘场景

H23 发掘场景

H24 发掘场景

H25 发掘场景

H26 发掘场景

H27 发掘场景

H28 发掘场景

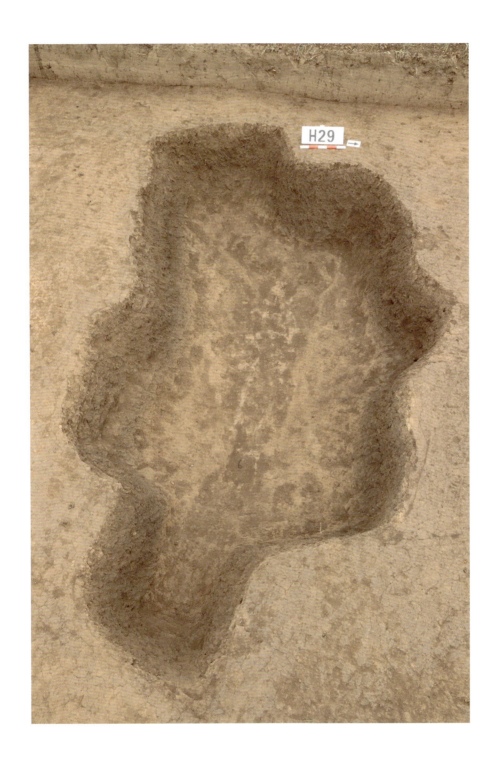

H29 发掘场景

H30 发掘场景

1. H31 发掘场景

2. H31 底部出土草制品

H31

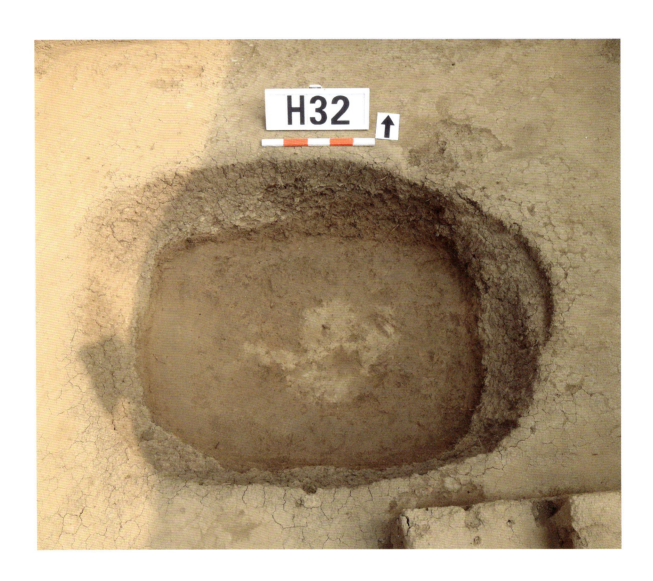

H32 发掘场景

H33 发掘场景

H34 发掘场景

H10 发掘场景

H10出土元代经幢（H10：1）

G1 发掘场景

1. J3 发掘场景

2. J3 局部

J1 发掘场景

J2 发掘场景

1. Y1 发掘场景

2. Y1 烟道局部

3. Y1 烟道局部

Y1

1. Y1 窑口局部

2. Y1 火塘局部

3. Y1 窑口局部

4. Y1 窑口局部

5. Y1 烟道局部

Y1

Q1 发掘场景

1. M31 发掘场景（揭顶前）

2. M31 发掘场景（揭顶后）

1. M31 墓门外侧

2. M31 墓门内侧

3. M31 墓室底部

M31 局部

M67 发掘场景

1. M68 发掘场景

2. M69 发掘场景

3. M68 局部

4. M68、M69

M68、M69

1. M41 发掘场景（揭顶前）

2. M41 发掘场景（揭顶后）

3. 陶盏（M41：1）

4. 陶盆（M41：2）

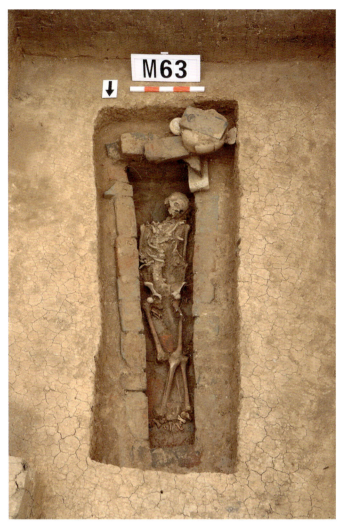

1. M63 发掘场景（揭顶前）

2. M63 发掘场景（揭顶后）

3. M63 局部

4. 瓷碗（M63∶1）

M63

1. M1 发掘场景

2. 陶簸箕（M1：1）

M1

1. M10 发掘场景

2. 陶杯（M10：1）

3. 陶杯（M10：2）

4. 陶杯（M10：3）

M10

M11 发掘场景

1. 陶盆（M11：1）

2. 陶盆（M11：2）

3. 陶盆（M11：3）

4. 陶罐（M11：4）

5. 陶杯（M11：5）

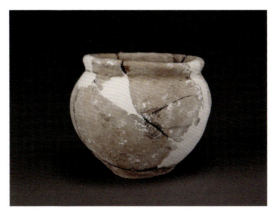

6. 陶罐（M11：6）

M11 出土器物

M13 发掘场景

1. 陶甑（M13：1）

2. 陶熨斗（M13：2）

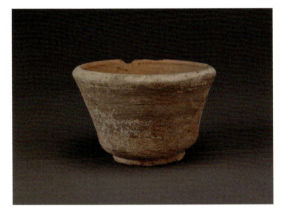

3. 陶杯（M13：3）

4. 陶罐（M13：4）

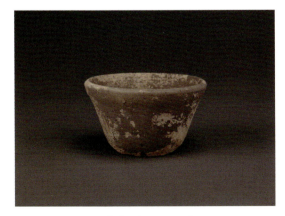

5. 陶杯（M13：5）

6. 陶三足盘（M13：6）

M13 出土器物

1. 陶盘（M13：7）

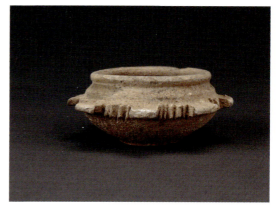

2. 陶釜（M13：8）

3. 陶三足盘（M13：9）

4. 陶罐（M13：10）

5. 陶罐（M13：11）

6. 陶盏（M13：12）

M13 出土器物

1. 陶盆（M13：13）

2. 陶杯（M13：14）

3. 陶罐（M13：15）

4. 陶盆（M13：16）

M13 出土器物

M29 发掘场景

1. 瓷罐（M29：1）

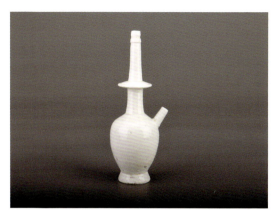

2. 白瓷净瓶（M29：2）

3. 白瓷盘（M29：3）

4. 白瓷盘（M29：4）

5. 陶桶（M29：5）

6. 陶盆（M29：6）

M29 出土器物

1. 陶簸箕（M29：7）

2. 陶杯（M29：8）

3. 白瓷碗（M29：10）

4. 陶熨斗（M29：11）

5. 陶盘（M29：12）

6. 陶杯（M29：13）

M29 出土器物

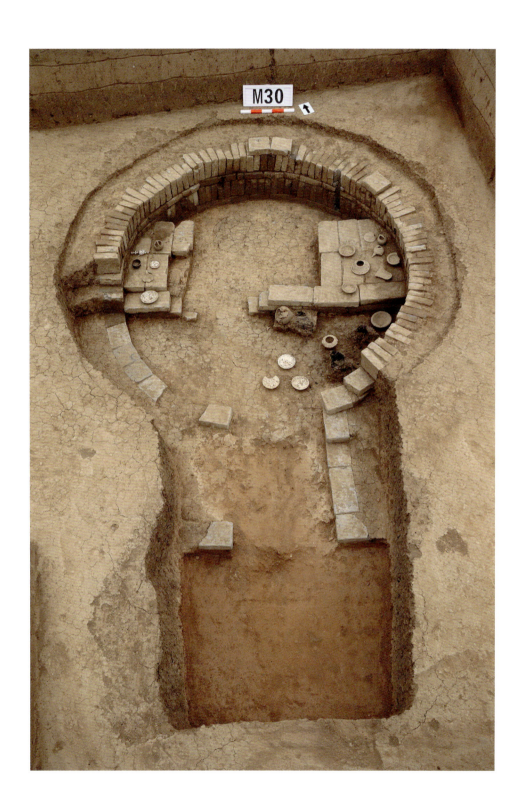

M30 发掘场景

1. M30 发掘场景

2. 白瓷碗（M30：1）

3. 白瓷碗（M30：2）

M30

1. 白瓷盘（M30：3）

2. 陶釜（M30：4）

3. 陶罐（M30：5）

4. 陶三足盘（M30：6）

5. 陶甑（M30：7）

6. 陶簸箕（M30：8）

M30 出土器物

1. 陶盆（M30：9）

2. 陶三足盘（M30：10）

3. 陶熨斗（M30：11）

4. 陶盆（M30：12）

5. 陶桶（M30：13）

6. 陶盆（M30：14）

M30 出土器物

1. 白瓷盘（M30：15）

2. 陶勺（M30：16）

3. 瓷杯（M30：17）

4. 白瓷盖（M30：18）

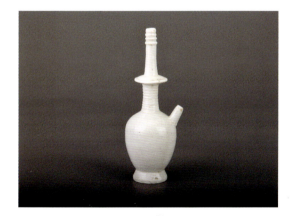

5. 白瓷净瓶（M30：19）

6. 陶桶（M30：20）

M30 出土器物

M32 发掘场景

M33 发掘场景

1. M34 发掘场景

2. 鸡腿瓶（M34：1）

3. 铜钵（M34：2）

1. M35 发掘场景

2. 陶罐（M35：1）

3. 陶碗（M35：2）

4. 瓷碗（M35：3）

M35

M38 发掘场景

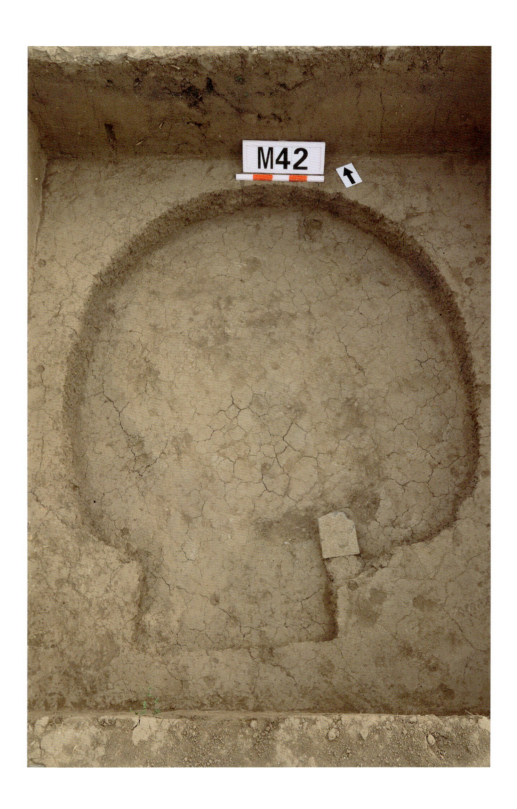

M42 发掘场景

M43 发掘场景

1. M44 发掘场景

2. M44 局部

M44

1. 陶剪（M44：1）

2. 陶甑（M44：2）

3. 陶罐（M44：3）

4. 陶罐（M44：4）

5. 陶釜（M44：5）

6. 陶器（M44：6）

M44 出土器物

1. 陶熨斗（M44：7）

2. 陶盘（M44：8）

3. 陶碗（M44：9）

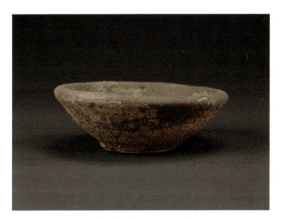

4. 陶碗（M44：10）

5. 陶盏（M44：11）

6. 陶杯（M44：12）

M44 出土器物

1. 陶杯（M44：13）

2. 陶盆（M44：14）

3. 陶盘（M44：15）

4. 陶罐（M44：16）

5. 陶勺（M44：17）

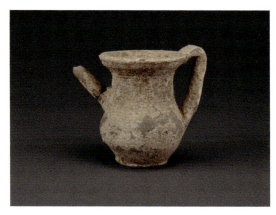

6. 陶执壶（M44：18）

M44 出土器物

1. 陶碗（M44：19）

2. 陶碗（M44：20）

3. 陶杯（M44：21）

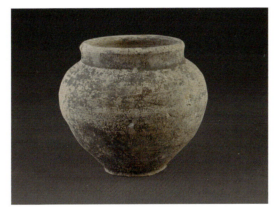

4. 陶罐（M44：22）

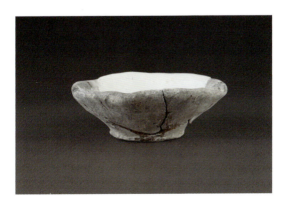

5. 陶盏（M44：23）

M44 出土器物

M45 发掘场景

M46 发掘场景

1. M47 发掘场景（揭顶前）

2. M47 发掘场景（揭顶后）

3. M47 局部

4. 陶盆（M47：1）

4. 陶盆（M47：2）

M47

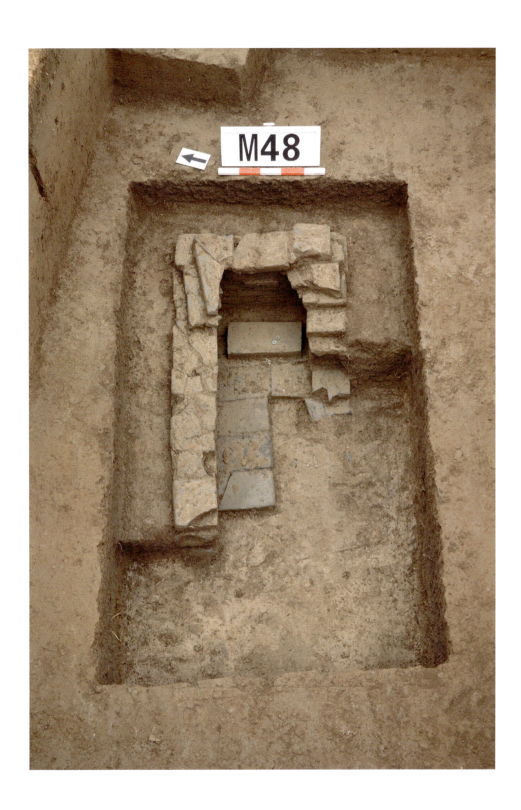

M48 发掘场景

M49 发掘场景

1

2

3

4

M49 出土石棺

1. M50 发掘场景

2. 陶盆（M50：1）

3. 瓷碗（M50：2）

1. M51 发掘场景（揭顶前）

2. M51 发掘场景（揭顶后）

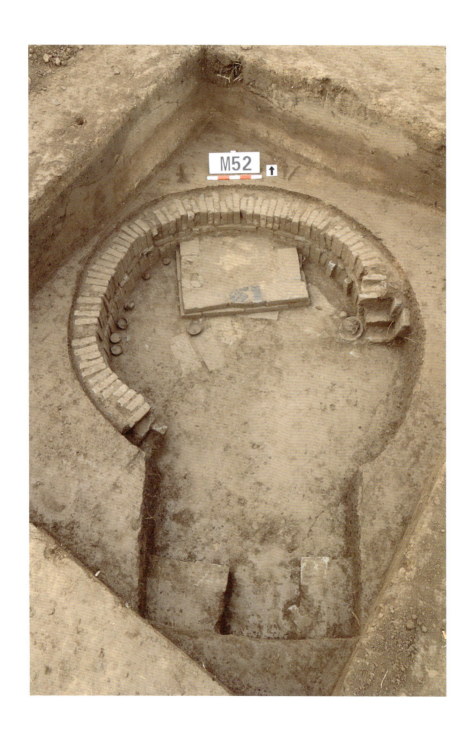

M52 发掘场景

1. 陶勺（M52：1）

2. 陶罐（M52：2）

3. 陶罐 （M52：3）

4. 陶杯（M52：4）

5. 陶三足盘（M52：5）

6. 陶三足盘（M52：6）

M52 出土器物

1. 陶碗（M52：7）

2. 陶盏（M52：8）

3. 陶盆（M52：9）

4. 陶碗（M52：10）

5. 陶盘（M52：11）

M52 出土器物

1. M53 发掘场景

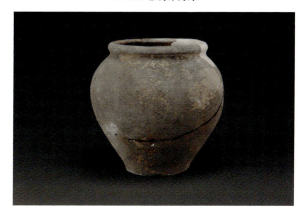

2. M53 出土陶罐（M53：2）

M53

1. M54 发掘场景

2. 瓷罐（M54：1）

3. 陶罐（M54：2）

M54

M55 发掘场景

1. 陶罐（M55：1）

2. 陶盘（M55：2）

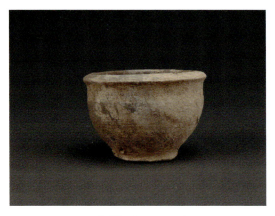

3. 陶罐 （M55：3）

4. 陶罐（M55：4）

5. 陶罐（M55：5）

6. 陶罐（M55：6）

M55 出土器物

1. 陶釜连甑（M55：7）

2. 陶盆（M55：9）

3. 瓷盘（M55：8）

4. 陶熨斗（M55：10）

5. 陶盏（M55：12）

M55 出土器物

1. 陶盏（M55：13）

2. 陶盆（M55：14）

3. 陶盏（M55：15）

4. 陶罐（M55：16）

M55 出土器物

1. M59 发掘场景（揭顶前）

2. 瓷罐（M59：1）

3. 铁器（M59：2）

M59

1. M59 发掘场景（揭顶后）

2. 铜簪（M59：4）

3. 铜钗（M59：5）

M59

1. M61 发掘场景

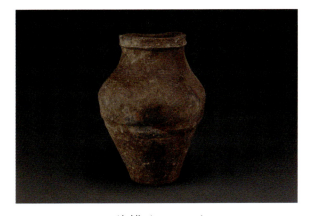

2. 瓷罐（M61：1）

M61

M62 发掘场景

1. M9 发掘场景

2. 镇墓石（M9：1）

M9

M12 发掘场景

1. 镇墓石（M12：1）

2. 陶杯（M12：2）

3. 陶盆（M12：3）

4. 陶壶（M12：4）

5. 陶盆（M12：5）

6. 陶盏（M12：6）

M12 出土器物

1. 陶簸箕（M12：7）

2. 陶罐（M12：8）

3. 双系陶罐（M12：9）

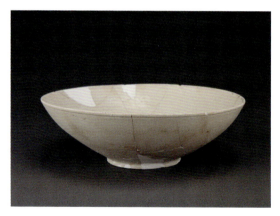

4. 瓷碗（M12：10）

M12 出土器物

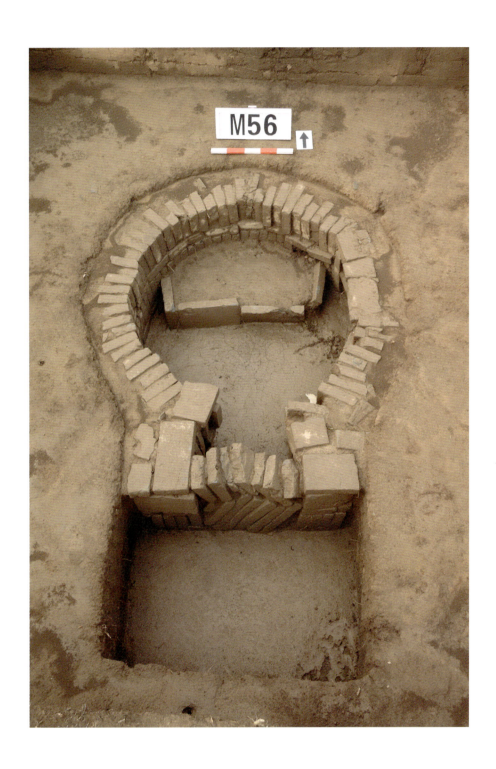

M56 发掘场景

2. M56 墓室内砖雕"一桌二椅"

2. M56 墓门

2. 瓷碗（M56：1）

3. 瓷盘（M56：2）

M56

1. M60 发掘场景

2. 瓷罐（M60：1）

M60

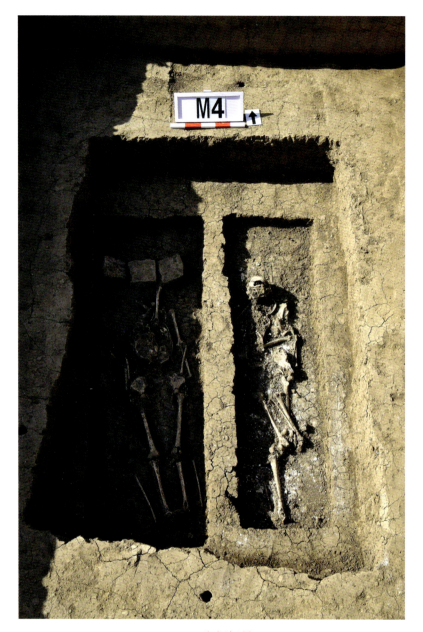

1. M4 发掘场景

2. 铜簪（M4：1）

M4

1. M6 发掘场景

2. 铜簪（M6：3）

3. 陶罐（M6：4）

4. 铜簪（M6：5）

M6

1. M7 发掘场景

2. 铜簪（M7∶2）

1. M8 发掘场景

2. 铜簪（M8：2）

3. 银耳环（M8：4）

M14 发掘场景

M15 发掘场景

1. M16 发掘场景

2. 铜簪（M16：3）

M16

M17 发掘场景

1. M18 发掘场景

2. 瓷罐（M18：1）

2. 料珠（M18：3）

M18

1. M19 发掘场景

2. 铜簪（M19：3）

M19

M20 发掘场景

M21 发掘场景

1. 鼻烟壶（M21：1）

2. 铜簪（M21：3）

3. 铜扁方（M21：4）

4. 铜沟（M21：6）

5. 铜簪（M21：7）

M21 出土器物

M22 发掘场景

M23 发掘场景

1. M24 发掘场景

2. 陶罐（M24：1）

M24

1. M25 发掘场景

2. 釉陶罐（M25：2）

M25

1. M26 发掘场景

2. 釉陶罐（M26：1）

M26

1. M27 发掘场景

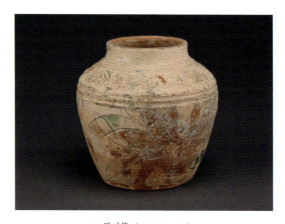

2. 陶罐（M27：1）

M27

1. M28 发掘场景

2. 铜簪（M28：1、3、4、5）

M28

M36 发掘场景

1. 铜簪（M36：1）

2. 铜簪（M36：3）

3. 铜簪（M36：4）

4. 银耳环（M36：5）

M36 出土器物

1. M37 发掘场景（揭顶前）

2. M37 发掘场景（揭顶后）

M37

1. M37 内部

2. 镇墓石（M37：1）

M37

1. M39 发掘场景

2. 瓷罐（M39：1）

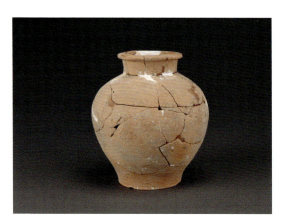

3. 陶罐（M39：2）

M39

1. M57 发掘场景

2. 铜顶戴 （M57：2）

M57

1. M58 发掘场景

2. 铜簪（M58：2）

M58

1. M66 发掘场景

2. 陶罐（M66：1）

3. 瓷罐（M66：3）

M66

1. M2 发掘场景

2. M3 发掘场景

M2、M3

1. M5 发掘场景

2. M40 发掘场景

M5、M40

1. M64 发掘场景

2. M65 发掘场景

M64、M65